HIKING SHENZHEN
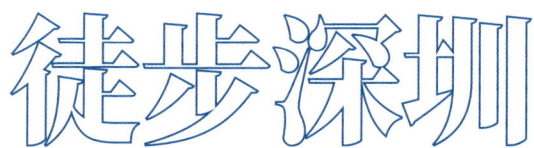

走 读 深 圳 1 0 0 条 特 色 步 道

深圳市文化广电旅游体育局 编

深圳出版社

图书在版编目（CIP）数据

徒步深圳：走读深圳 100 条特色步道. ① / 深圳市文化广电旅游体育局编. -- 深圳：深圳出版社，2023.12 (2024.11 重印)

ISBN 978-7-5507-3400-5

Ⅰ. ①徒… Ⅱ. ①深… Ⅲ. ①城市道路 - 介绍 - 深圳 Ⅳ. ① K926.53

中国国家版本馆 CIP 数据核字 (2023) 第 207173 号

徒步深圳——走读深圳 100 条特色步道①
TUBU SHENZHEN —— ZOUDU SHENZHEN 100TIAO TESE BUDAO ①

出 品 人	聂雄前
责任编辑	曾韬荔
责任校对	万妮霞　李　想
责任技编	梁立新

出版发行	深圳出版社
地　　址	深圳市彩田南路海天综合大厦（518033）
网　　址	www.htph.com.cn
订购电话	0755-83460239（邮购、团购）
设计制作	深圳晚报创意设计中心
印　　刷	深圳市华信图文印务有限公司
开　　本	889mm×1194mm 1/32
印　　张	13
字　　数	600 千
版　　次	2023 年 12 月第 1 版
印　　次	2024 年 11 月第 3 次
定　　价	88.00 元

版权所有，侵权必究。 凡有印装质量问题，我社负责调换。

法律顾问：苑景会律师 502039234@qq.com

《徒步深圳——走读深圳100条特色步道》编委会

主　　任	曾相莱
副 主 任	何建辉　叶晓滨
项目统筹	李　强　冯　霞　孙　霞
项目执行	孙　霞　张梦莹　邱姗姗　周　怡　李晶川　陈　艺 唐文隽　吴晓琪　温　琼　吴卓伦　李　娴　余　冕 詹展晴　王　涛　郭海南　罗远欣　周婉军　伊宵鸿 涂世琳　高灵灵　刘　畅　刘　洁
美　　术	许　佳　林国壮
摄　　影	宁杰文　文志健　汪封祎
专业支持	深圳市规划和自然资源局 深圳市城市管理和综合执法局
承　　制	深圳晚报社

序一
用脚步丈量深圳之美

如果想了解一座城市,没有比走遍她的大街小巷更直接的方式。在街角的早茶和阳台的花瀑里呼吸她的气息,在风舞的裙裾与夜市的灯火里捕捉她深藏的风情。

如果要爱上一座城市,没有比踏遍她的青山绿水来得更为深情。在幽谷的泉响和山野的林风中聆听她的私语,在漫天的云飞和拍岸的海潮中感受她疏朗的气韵。

而无论对于以奔跑的姿态奋斗在这座梦想之城的深圳人,还是以好奇的眼光打量这座奇迹之城的旅行者,深圳,都是一座适宜行走与遐思的美丽城市。

这里自然资源丰富,近 2000 平方千米的土地上,汇聚了山、海、林、田、河、草、湿地等全自然要素,气候温润,雨露充沛,山花烂漫,鱼鸟翔集。这里风气开放,文化多元,既有千年蚝村、海防古城、客家老围、岭南风味,也有东江纵队可歌可泣的战斗历史和改革开放的拓荒足迹。

从建市第一版城市总规制定了以自然山川和规划绿带隔离出"带状组团式"空间格局,到 2005 年在全国率先划定基本生态控制线,约束人类对环境资源的侵占,深圳的建设从一开始便铺就了经济发展和生态保护和谐共存的发展基调。

近年来,循着"绿水青山就是金山银山"的生态理念,深圳一直在探索新时代生态文明建设的实践路径,努力打造超大城市高质量发展与高水平生态建设协同推进的样本,让城市空间与自然生态环境有机融合,让激情创业与纵情山海成为深圳人生活的两面,形成了今日蓝绿为底、疏密有致、山海连城、四季有花的城市特色风貌,把一座欣欣向荣的城市建设成为"国家园林城市""国际花园城市""国家森林城市"和"国家生态文明建设示范市"。

当前,深圳正加快推进"山海连城,绿美深圳"和"公园城市"建设,通过贯通"一脊一带二十廊",打造"鹏城万里"多层次户外步道体系。从宝安到大鹏,一条横贯东西、长达300千米的生态游憩绿脊正节节贯通;从珠江口到大亚湾,一条沿海岸线蜿蜒200多千米的滨海骑行道正绵延伸展;而山海之间,20多条生态廊道,正在织就通山、达海、融城的全域步道网络体系。

到2025年,深圳将初步建成全域公园城市体系和全境步道骨干网络,建成各类公园1350个以上、步道网络4000千米以上;到2035年,建成各类公园1500个以上、步道网络5000千米以上,全面建成"山、海、城、园"有机融合的全域公园城市,成为可漫步、可越野、可竞技的户外天堂。

《徒步深圳——走读深圳100条特色步道》系列丛书,便是从这些不同层次、不同强度的绿道、碧道、远足径、郊野径、古驿道中,从历史文化、风物景观、城市风采、博物研习、郊野远足五个视角,遴选出100条独具特色的步道,详细解读每条步道的行走信息与人文故事,按照建设进度与营造成熟度分2023、2024、2025三册出版,每册介绍30~40条路线,编写内容按照"10+1"区排列,便于使用者就近出发。因特色步道仍在持续提升完善,本册书提供的资讯截至2023年11月。

鹏城万里,起兴于足下。带上这份指南出发吧,去走读烟火街巷,去翻阅壮美山水,在蓝绿交织的图景里留下生命的浪漫足迹,在攀登与行走中认识这座城,并爱上这座城。

《徒步深圳——走读深圳100条特色步道》编辑部
2023年11月

序二
好的城市，好的步道，
好的 City walk

每次乘坐飞机，我都会尽量选择一个靠窗的位置，在起飞或降落的时候，俯瞰已经生活了 30 多年的深圳。从上千米的高空瞭望，会发现这个城市的地理形态格外多样：山岭、平原、碧蓝的大海和星罗棋布的岛屿，还有蜿蜒的河流和闪闪发光的湖泊——那是遍布在大地上的水库。

每一次俯瞰，都带给我一点"确切的幸福"——庆幸许多年前选择了在这个城市定居，庆幸自己生活在一个地理缤纷多样、气候温暖湿润、居民来自天南海北的城市。

什么样的城市，是好的城市？管理者、规划者、学者有不同的角度，不同的见解。但对一个普通市民来说，我有自己的理解——

一个好的城市，一定是一个许多人愿意投奔而来的城市。2021 年 5 月 17 日，深圳市统计局发布深圳市第七次全国人口普查公报，普查结果显示：深圳的常住人口为 1756.01 万人，10 年里增加了 713.61 万人。在过往的半个世纪里，深圳是全球人口增长数量最多、增长速度最快的城市。迁徙者用脚投票，选择了深圳，她在狭小的地理空间里，给予了新移民多样的生存机遇，给予了逐梦者宽广的探寻之路。

一个好的城市，一定是一个充满活力和机遇的城市。1979 年，宝安县升格为深圳市，那一年的经济总量是 1.96 亿元，建市 43 年后的 2022 年，深圳的经济总量是 32387.68 亿元，增长了 16000多倍。深圳人用包容之城激发出来的智慧，用先行之城求新求变的精神，改变着个人的命运，也改变着深圳的命运。

一个好的城市，还应该是什么？她不仅应该提供劳作与创富的机遇，而且应该拥有涵养身心、亲近自然的休憩空间——深圳将建成 1350 个各类公园和 4000 多千米各种形态的步道——这个长度意味着：如果你走遍了深圳所有的步道，相当于你从深圳一步一步走到了新疆的乌鲁木齐。

深圳的步道网络营造了城市的步行性(walkable)，蕴含着对健康生活方式的倡导，对家园意识的培育，对在地关怀理念的唤醒，是全民共享的福利，是城市活力与魅力的点燃，是一个城市张开双臂拥抱世界的姿态……

如今，深圳山海连城的构想正在逐步实现：连接整个深圳，通山、达海、融城的步道系统已经形成，《徒步深圳——走读深圳100条特色步道》系列丛书就是一份奔赴山海、品读深圳的指南。

愿读者朋友带上这份指南，去探索、感受一个充满灵动之美的深圳；愿深圳——这个多样而充满活力的城市，这个适宜苦干也适宜安顿身心的城市，这个我们发自内心热爱的城市，会越来越好。

南兆旭

2023年11月

导读

阅读指南

本书收录了深圳 100 条特色步道中的 40 条已建成路线，涵盖了深圳"10+1"区，可带领市民游客翻山越海、走遍深圳，深入体验山海连城的活力与趣味。

路线示意图

特色步道的路线示意图，提供行走指南、途经景点等徒步信息。根据步道情况，路线示意图分为详细版和简略版两种。

行走指南

翔实的路线攻略，帮助读者顺畅抵达、行走与返回。

边走边看

介绍沿途的自然风光、特色景点与历史遗迹。

博物赏识
探索本土的自然博物。

周边游玩
推荐周边的景点、商场与美食等等。

步道故事
在走读中了解城市历史、文化及发展轨迹。

常见步道的类型

绿道

绿道是一种线形绿色开敞空间,通常沿着河滨、溪谷、山脊、风景道路等自然和人工廊道建立,内设可供行人和骑车者进入的景观游憩路线,串联、保护和利用自然、历史文化资源,并为居民提供游憩和交往空间。

碧道

碧道建设以水为主线,强调以水环境、水生态、水安全为基础,除了为群众提供健身、休闲、观光、亲水的场所,还兼具展示生态文明建设成果和城市风貌的功能。

远足径

为长距离徒步的自然生态步道,以山脊为脉,贯穿自然郊野区域,由一条从西到东穿越深圳全域的横贯线与多条长跨度的经典路线构成。

郊野径

自然路面或采用手作工法建造的步道,连接自然区域与建成区域,兼具自然游憩体验与下撤功能的郊野路线。

古驿道

南粤古驿道,是指 1913 年前广东境内用于传递文书、运输物资、人员往来的通路,包括水路和陆路、官道和民间古道,连接起源源不断的物流、人流和文化往来,是南北通融和中外交流的重要路径。

梅林山郊野径

远足径标距柱

郊野径标距柱

难度分级

以路线长度为主要考虑因素,辅以难度(路面状况、爬升强度等)、技能体能要求、遮蔽度、下撤点、配套设施等进行综合判断,对步道进行综合难度分级。

难度分级	徒步建议
★☆☆☆☆ 很容易	人群:适合一般市民休闲,包括老人和儿童。部分道路支持无障碍通行。 装备:无要求
★★☆☆☆ 容易	人群:适合一般市民锻炼。 装备:无要求
★★★☆☆ 中等	人群:适合身体状况良好、经常运动人士。 装备:徒步鞋
★★★★☆ 难	人群:适合身体状况良好、经常户外运动人士。 装备:徒步鞋、登山杖等
★★★★★ 很难	人群:适合有较多的户外活动经验人士。 装备:徒步鞋、登山杖、能量补给等

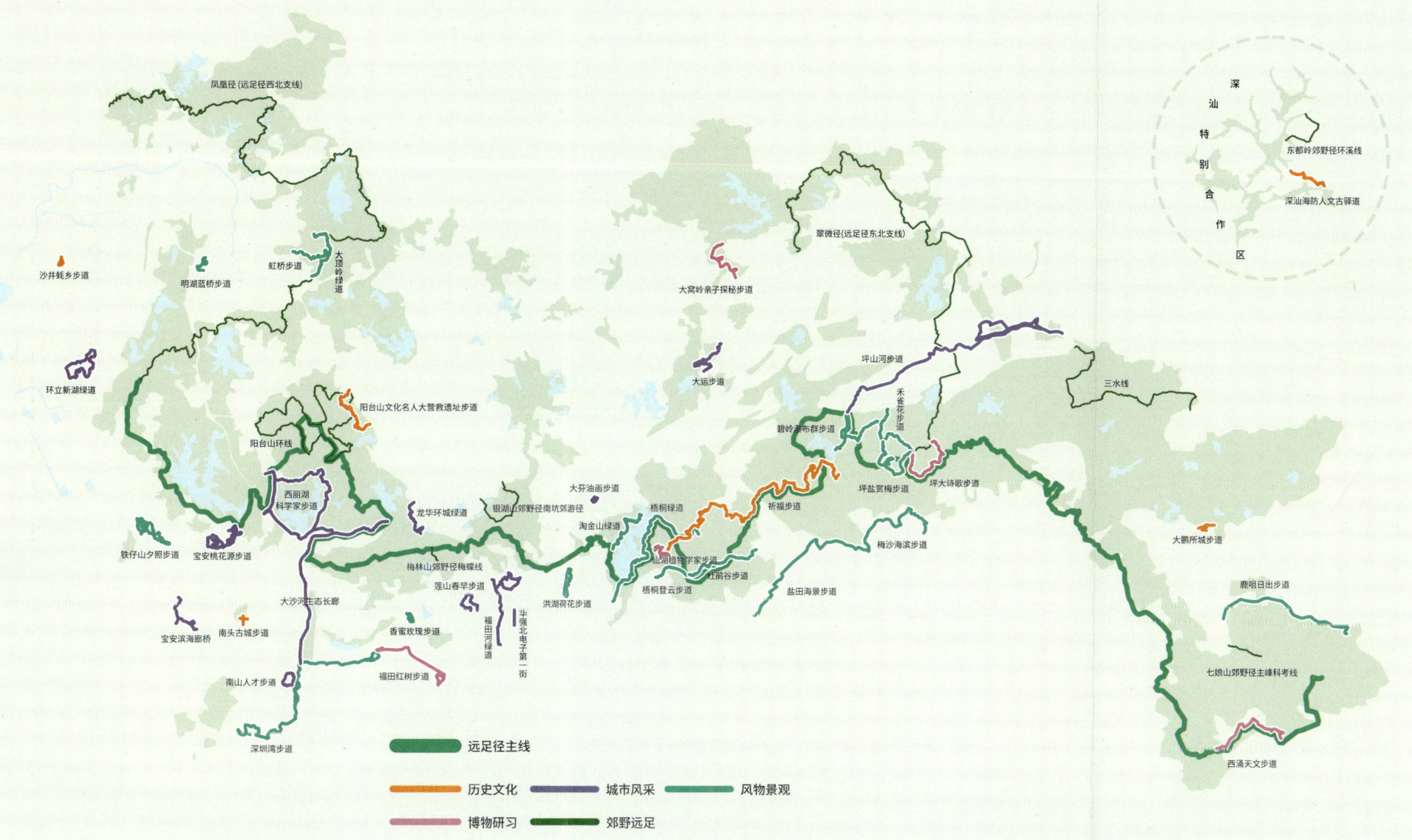

深圳百条特色步道分布示意图（2023年完成部分）

CONTENTS 目录

第一程 福田 城央绿意 春照莲山 　　001

- 莲山春早步道 　　003
- 梅林山郊野径梅蝶线 　　015
- 福田红树步道 　　021
- 福田河绿道 　　031
- 华强北电子第一街 　　041
- 香蜜玫瑰步道 　　047

第二程 罗湖 人间草木 神仙山湖 　　055

- 仙湖植物学家步道 　　057
- 梧桐登云步道 　　075
- 杜鹃谷步道 　　087
- 洪湖荷花步道 　　095
- 淘金山绿道 　　103

第三程 盐田 奔赴山海 遇见生活 　　109

- 梅沙海滨步道 　　111
- 盐田海景步道 　　121

第四程 南山 山海相遇 满城诗意 　　127

- 西丽湖科学家步道 　　129
- 南山人才步道 　　141
- 深圳湾步道 　　151
- 大沙河生态长廊 　　163
- 南头古城步道 　　171

第五程 宝安 天上红霞 地上烟火 　　177

- 宝安滨海廊桥 　　179
- 沙井蚝乡步道 　　191
- 铁仔山夕照步道 　　201

第六程 龙岗 千年客韵 十里书香　　207

大运步道　　209
大窝岭亲子探秘步道　　219
银湖山郊野径南坑郊游径　　227
大芬油画步道　　235

第七程 龙华 春和景明 步履不停　　239

阳台山文化名人大营救遗址步道　　241
龙华环城绿道　　253

第八程 坪山 山水多情 草木丰盈　　261

碧岭瀑布群步道　　263
坪大诗歌步道　　275
坪盐赏梅步道　　287
禾雀花步道　　293

第九程 光明 科技之光 自然森长　　301

大顶岭绿道　　303
虹桥步道　　315
明湖蓝桥步道　　321

第十程 大鹏 仰望星空 走读山海　　327

三水线　　329
七娘山郊野径主峰科考线　　339
西涌天文步道　　351
大鹏所城步道　　363
鹿咀日出步道　　369

第十一程 深汕 稻浪滚滚 海水悠悠　　377

东都岭郊野径环溪线　　379

附录　　389

户外徒步随身锦囊　　390
户外登山文明提示　　393

参考文献　　394

福田

城央绿意　春照莲山

"莲山春早"是深圳八景之一。地处城市中轴线北侧的莲花山，是深圳改革开放的地标之一，山顶矗立着改革开放总设计师邓小平同志的铜像，山下建有深圳经济特区建立三十周年纪念园，所以这个"春早"，既有南国海滨春意先发的季节意义，更有经济特区得改革开放风气之先、"东方风来满眼春"的历史意义。

莲山春早步道在莲花山公园内。对深圳市民而言，这里是休闲漫步、俯瞰城景的好地方；对游客而言，则是领略深圳经济特区风貌、感受城市精神气质、回味改革开放历史与成就的必走之路。

莲山春早步道

一路聆听春天的回响

🧭 行走指南

作为国家重点公园和全国红色旅游景点，莲花山公园已开发建设得非常完善，园内景点众多、路径交错，"莲山春早"步道则选取了其中最有代表性的一段，沿途串联起风筝广场、椰风林草坪、莲花湖、毓秀园等景观，路线直达山顶广场。参观过习近平手植树、邓小平铜像、邓小平题字墙等具有纪念意义的景点后，下行路线穿过深圳经济特区建立三十周年纪念园，止于东南入口附近的关山月美术馆。

莲花山海拔 100 米左右，是深圳"十峰"中海拔最低的一座。整个行程较为轻松，不仅可以浏览湖光山色，感受鸟语花香，还可以遇到一个又一个"春天的故事"，那是深圳人心中珍藏的精神宝藏。

步道分类

城市风采

步道路线

深圳书城二层连廊—风筝广场—莲花山公园主园道—邓小平铜像—深圳经济特区建立三十周年纪念园—关山月美术馆出入口

路线长度 **3.6 千米**

徒步时间 **1.5 小时**

路线难度 ★☆☆☆☆

 休息点  洗手间   起终点

交通指引

深圳书城二层连廊
周边公交站：中心书城北站
周边地铁站：3号线/4号线少年宫站E口

关山月美术馆出入口
周边公交站：关山月美术馆站
周边地铁站：3号线/10号线莲花村站D口

特别提示

1. 莲花山公园需要预约停车，市民游客可通过"美丽深圳"公众号"便民服务"栏目进行预约。
2. 每年11~12月莲花山公园会举办勒杜鹃花展和草地音乐节，可通过"美丽深圳"公众号了解详情。
3. 如果想直达山顶，可以选择登山小径，从莲峰西径登山，从莲峰东径下山。

🎯 第1段 中心书城二层连廊—山顶广场

遍览椰林草坪营造的热带园景

莲花山公园呈开放式布局，东南西北都有入口。莲山春早步道选择连通深圳中心书城和市民中心的连廊为起终点。从这里往莲花山方向走，经过几棵大榕树，就是著名的风筝广场。穿过平坦的草地，沿莲花山主园路西行，过莲花湖向北就踏上了上山的路。这条路宽敞平坦，坡度和缓，两旁都是郁郁葱葱的树木花草，爬至半山，还有YUAN生活城市营地供市民露营。

风筝广场

🔍 边走边看

风筝广场

深圳有很多地方都能放风筝，以莲花山风筝广场最为有名，一年四季都有人在这里拽一根长长的风筝线奔跑追风。2万平方米的草地开阔平缓，适宜举办大型公共活动；四周绿树环绕，不少人喜欢在树荫下搭帐篷过周末。

毓秀园

椰风林草坪

椰风林草坪以一排排高大笔直的大王椰为标志,搭配各类棕榈科植物和花叶灌木,有着浓郁的热带亚热带园林特色。

莲花湖

椰风林向北便是莲花湖,环湖植有红千层和落羽杉。秋季,落羽杉变红,倒映在湖水中,是深圳人最喜欢的风景之一。湖畔常有老人自发聚在一起唱红歌,很多年过去,便形成公园的一张文化名片,公园也专门在此立石,刻有"莲花山放歌"红色大字。

毓秀园

每年11月,簕杜鹃盛开,莲花山簕杜鹃花展便如约而至。毓秀园便是由原来繁育簕杜鹃的花圃基地改造而来,现在依然是簕杜鹃花展的主会场之一。平日里,这里也陈列着不同品种的盆栽簕杜鹃,五颜六色,非常惹眼。

第2段 山顶广场—关山月美术馆
循着伟人的脚步聆听春天的故事

4000平方米的莲花山山顶广场是深圳最高的室外广场,也是俯瞰中心城区的最佳位置。这里矗立着邓小平铜像、邓小平题字墙和习近平手植树。从山顶下行,是曲径通幽的登山石径,可直达山脚的深圳经济特区建立三十周年纪念园。从纪念园入口南行,便是莲花山公园东南出入口,出园左转,便是步道终点关山月美术馆。

习近平手植树

山顶广场

Q 边走边看

习近平手植树

党的十八大闭幕后不久,2012年12月8日,习近平总书记到地方考察的第一站就来到深圳,在莲花山山顶广场亲手植下了一棵高山榕。如今,这棵高山榕已枝繁叶茂,焕发着蓬勃生机。

山顶广场

山顶广场的中央,矗立着高6米、重6吨的邓小平铜像。铜像面向正南方,健步向前。2000年建成的邓小平铜像是深圳"十大历史建筑"之一。

铜像背后的花岗岩石墙上,北面镌刻着邓小平同志1984年视察深圳时的题词:"深圳的发展和经验证明,我们建立经济特区的政策是正确的。"石墙南面刻着邓小平同志另一句话:"我是中国人民的儿子。我深情地爱着我的祖国和人民。"

站在山顶广场,形如大鹏展翅的市民中心吸引着人们的目光,一条中轴线从中穿过,串起周边少年宫、图书馆、音乐厅等地标。

深圳经济特区建立三十周年纪念园

深圳经济特区建立三十周年纪念园呈半合围形,北面是镶嵌着铸铜浮雕的弧形石墙,分别以"春天的故事""走进新时代""走向复兴"为主题,雕刻着改革开放进程中重要的人物群体、历史事件。环绕纪念园，种有 30 棵小叶榕，枝叶葱茏，比肩而立。

关山月美术馆

　　沿着步道出园，就能看到关山月美术馆。关山月美术馆是以我国著名国画家、教育家和岭南画派大师关山月先生名字命名的国家级美术馆，内藏关山月先生 800 多件不同时期代表作，与深圳音乐厅、中心书城、深圳图书馆、少年宫等文化设施共同构成深圳中心区文化景观。

深圳经济特区建立三十周年纪念园

关山月美术馆

博物赏识

美丽异木棉

从莲花山公园正门进入,就能看到一棵粗壮的美丽异木棉。异木棉原产南美,因花开满树,艳压群芳,也被称为"美人树"。金秋时节,异木棉盛放,一树娇艳的花朵自成风景,是深圳广为栽种的园林景观树。

簕杜鹃

簕杜鹃又称"三角梅",喜温暖湿润气候。南海之滨的深圳夏长冬短,十分适宜簕杜鹃生长。簕杜鹃苞片大而艳丽,常被误认为花朵,相比之下,苞片中间的小小白色花朵则低调很多。簕杜鹃缤纷艳丽,充满了蓬勃生机,与深圳欣欣向荣的活力和风采相契合。在1986年9月深圳市花的评选中,簕杜鹃以8681票的绝对优势被确定为深圳市市花。

簕杜鹃

凤头鹰

如果在高大的乔木上仔细寻找,或许能找到凤头鹰的巢,它们喜欢躲藏在树叶丛中,偶尔也会在树枝上发呆。作为"森林杀手",凤头鹰有着敏锐的视力、强壮的腿部和锋利的喙部,蛙类、蜥蜴、鼠类、昆虫、鸟类和小型哺乳动物等都是凤头鹰的食物。

凤头鹰

红耳鹎

红耳鹎是深圳人最为熟悉的"邻居",逛莲花山公园时,总能听到红耳鹎的清脆鸣叫声。红耳鹎比较容易辨认,自带"腮红"的它,发型帅气,还穿着红色大裤衩。在求偶时,红耳鹎的"腮红"和发型,还能用来向异性展示个体的成熟度和健康状况。

红耳鹎

☕ 周边游玩

莲花山南面,过红荔路,就是繁华的福田CBD。有中心书城、深圳图书馆、深圳音乐厅等;向东行,过"幸福廊桥",则是文艺小镇深业上城,汇集着商场、各类食肆、书店、咖啡屋和茶馆。

步道故事

邓小平为深圳经济特区题词

莲花山公园山顶广场的石壁上刻着邓小平同志的题词

深圳是中国改革开放的"试验场"和"排头兵"。深圳的改革开放，与邓小平有着深厚的渊源。

1984年1月24日，邓小平首次到深圳经济特区视察，此时的经济特区刚建立4年，正处于热火朝天的创建阶段。而对于经济特区的性质和做法，也一直存在争议。

抵达深圳的当天，邓小平认真听取了深圳市领导的汇报，没有插一句话。汇报结束后，深圳市有关领导请邓小平同志作指示时，邓小平说："这个地方正在发展中，你们讲的问题我都装在脑袋里，我暂不发表意见，因为问题太复杂了，对有些问题要研究研究。"

视察完深圳，邓小平下一站去了珠海。不久，从珠海传来消息，邓小平挥笔为珠海题下7个大字："珠海经济特区好。"紧接着，邓小平去了广州。

深圳在邓小平心中究竟是什么印象，深圳人非常想知道。

1月29日，深圳市决定委派时任接待处处长张荣去完成一个特殊任务：请邓小平为深圳经济特区题词。30日一大早，张荣就赶到了广州，他通过有关方面将深圳的请求向邓小平作了汇报。

邓小平说："回北京再题吧。"2月1日已是大年三十，人人都准备过年了，张荣还留在广州。邓小平的女儿邓楠见状，便决定帮助张荣完成任务。

邓小平散步回来，发现桌子上摆着纸、笔，墨都研好了。得知张荣的意图，邓小平在沙发上坐下来，问道："你们说，写什么好呢？"张荣赶忙递上几张准备好的字条，有"深圳特区好""总结成绩和经验，把深圳经济特区办得更好"等。

邓小平拿起字条念了一下，随手搁到一边，然后拿起笔，几无思索就在纸上题写出："深圳的发展和经验证明，我们建立经济特区的政策是正确的。邓小平一九八四年一月廿六日。"

邓小平在落款时，没有落在广州提笔的时间，而是落了他离开深圳的日子。

邓小平为深圳的题词，通过各大媒体公开后，在海内外引起强烈反响。这次的题词，充分肯定了深圳经济特区的成就和方向，拨开了笼罩在深圳经济特区头上的迷雾，对深圳乃至中国改革开放产生了重大而深远的意义。

梅林山郊野径梅蝶线

给城市生活留一点野性

位于福田中心区后方的梅林后山，是忙碌都市人偶尔"撒野"的最方便去处。这里有离繁华最近、便于抵达，又具备真正意味的山野，贯穿深圳东西的远足径（鲲鹏径）从山脊穿过，多条各具特色的郊野径、绿道、手作步道网布其间，是户外运动爱好者入门级体验地，也适合各类人群闲暇放松亲近自然。连接飞来石与梅林山郊野径4号登山口的"梅蝶线"便是其中体量不大且饶有趣味的一条。

行走指南

抵达梅蝶线起点最方便的登山口是梅林文体中心。由此沿梅林绿道上山,在与二线关巡逻道交会处右拐,步行100米左右便可看到梅林郊野径4号登山口的大门。梅蝶线大部分路段为手作步道,人工修整度不高,完整保留着山体的自然形态,沿途指示明晰,岔路不多,除偶尔几处沙土段易滑,全程爬升难度不大,且大部分有树荫遮蔽,一般体能的人均可抵达山顶。

从飞来石远眺城市风景

下撤提示

梅林规划有多条郊野径和郊野小线,彼此交织勾连,且攀登难度都不大。除4号登山口外,其他登山口也可以抵达飞来石,所以走完梅蝶线后,如果不想走回头路,可以根据体能和兴趣选择:①向西到"白眉石",经云深线、清泉线,从2号登山口下山;②从"梅蝶线"3号标距柱向东去大脑壳方向,经梅坳线下行至梅坳登山入口;③原路下行到三岔口后向东经竹石线,从5号登山口下山。

步道分类 郊野远足

步道路线 梅林山郊野径4号登山口—飞来石（经远足径主线）

路线长度 **2.36 千米**

徒步时间 **2 小时**

路线难度 ★★☆☆☆

交通指引

梅林山郊野径4号登山口
周边公交站：梅林文体中心站
周边地铁站：9号线下梅林站D口

海拔示意图

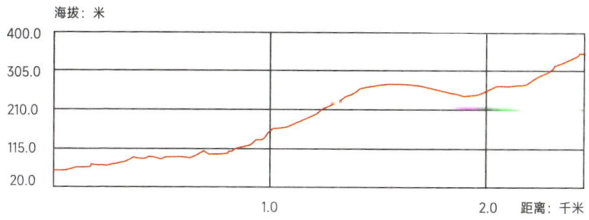

🔍 边走边看

自然郊野

梅林山郊野径最值得体验的，就是都市中心深藏的那份"野"气。顺着崎岖小路行走，车流的轰鸣瞬间消失，只有各种林鸟在耳畔啁啾又不见形迹。梅林山森林资源丰富，春来藜蒴花开，秋深山乌桕叶红，夏天假苹婆垂下鲜艳的蓇葖果。此外还有秋枫、鸭脚木、黄樟、罗伞树、变叶榕等，四时山色风光各有不同。

手作步道

深圳第一条手作步道便在梅林。手作步道源于美国"无痕山林"的理念，以人力方式因地制宜、就地取材，利用石块、倒木，甚至树根修筑，对自然环境基本不做干扰，达到虽由人做，宛似天成的效果。梅蝶线上可以体验到土坎、砌石、导流横木、土木等各种手作工法和步道形态，中途还有利用天然材料堆垒的休憩点，沿途立有科普牌，是天然的自然教育课堂。

来石远眺

路线终点飞来石位于山脊线上，向东是大脑壳，向西是白眉石。山顶林树葱郁，山风习习，有几处巨大的岩石堆，可以小坐补充体力。登石远眺，南边有树木遮挡，向北可以看到原梅林二线关外的楼群。

飞来石

步道标识

手作步道

博物赏识

紫玉盘

行走梅蝶线,春夏可以遇到紫玉盘红艳的花朵,开在疏林之下,美艳醒目;而夏秋季,则可以看到它成簇的果实,由青绿渐变为暗紫。紫玉盘是番荔枝科紫玉盘属多年生攀缘状灌木,别称为油椎、酒饼木。单花成果数多达几十个,广东山林常见,生于低海拔山地疏林中或灌木丛中。

水团花

水团花,因喜生水边而得名,但在梅林的山坡上,也可以常与它偶遇。特别是六七月间,一团一团玲珑的小花开在绿叶间,雅致清新。水团花是茜草科水团花属常绿灌木或小乔木,我们看到的一团团"小球",其实是它的头状花序,聚合着许多漏斗状小白花,"毛茸茸"伸出花冠的是它的花柱。

溪蟹

在梅林山的小溪沟旁,有时会遇见从石头下钻出来的溪蟹。溪蟹也叫石蟹,有很多种。它们喜欢在溪水边的石头下或泥草中活动,有些也穴居于水边洞穴里,过着半陆栖生活。

紫玉盘的果

水团花

溪蟹

步道故事

梅林山的梅与蝶

梅林片区，有很多以"梅"命名的地名：梅丽路、梅华路、梅秀路、梅彩路、梅村路……让人不禁联想，此处历史上真有一片暗香浮动的梅林吗？

根据福田区史志办编写的《福田溯源》一书记载，福田原 15 个行政村的老居民都是从中原逐渐南迁而来。下梅林村的郑氏最早源于今河南省新郑市，后由福建进入广东，大约明朝初期迁至下梅林建村。梅林属丘陵地带，山多林密，村民除农耕外，还广种果树。最初多植杨梅，据说下梅林郑氏一世祖郑子忠特别喜爱杨梅，自号"喜梅公"，梅林便由此而得名。

不过，福建是荔枝的主产地，郑氏迁入时，也带来了荔枝树苗和种植技术。而梅林一带的土质、气候特别适宜荔枝生长，不仅产量高而且品、味出色，十分受欢迎，下梅林村民便逐渐将杨梅都改种成荔枝树。下梅林村民种植荔枝的历史长达四五百年，种植规模最多时达到 9500 株，香港是其传统市场。所以现在我们去梅林，可以看到遍地的老荔枝林，原先满山遍野的杨梅反而不见踪影了。

梅林山常见蝴蝶

梅林后山植被丰富，四季花开，走在山林间，常有各种蝴蝶翩翩飞舞。对照图片，认识一下这些山野的小精灵。

巴黎翠凤蝶

报喜斑粉蝶

曲纹紫灰蝶

福田红树步道

与候鸟相约在绿色海岸

红树,是深圳的市树,因其在生存环境恶劣的海岸边依旧生机勃勃而成为深圳人精神品质的象征。福田红树步道西起广东内伶仃福田国家级自然保护区,经滨海大道和福荣都市绿道,东至福田红树林生态公园,是一条位于城市腹地,可供人深入了解湿地生态环境、学习认识红树林生态功能的海滨特色步道。

行走指南

福田红树步道全长 7.7 千米,路程内包含自然保护区、公园、绿道和人行道。在广东内伶仃福田国家级自然保护区内,可沿保护区的主路径行走,也可以深入滩涂或鱼塘边的研习径,结合科普展板观察湿地动植物。在滨海大道和福荣都市绿道段,可骑行共享单车。福田红树林生态公园是开放的公共绿地,可以漫步、观鸟,欣赏深圳湾辽阔的海滨风光。

特别提示

广东内伶仃福田国家级自然保护区实行预约参观制,每天开放 80 个名额。可在"内伶仃福田自然保护区"小程序首页里的"访客预约"——"个人预约"操作。遇到观鸟季,参观名额十分抢手。

广东内伶仃福田国家级自然保护区观鸟屋

步道分类	博物研习
步道路线	广东内伶仃福田国家级自然保护区—滨海大道—福荣都市绿道—福田红树林生态公园

路线长度 7.7 千米
徒步时间 2.5 小时
路线难度 ★★☆☆☆

交通指引

广东内伶仃福田国家级自然保护区
周边公交站：红树林站
周边地铁站：1 号线竹子林站

福田红树林生态公园
周边公交站：石厦南站
周边地铁站：7 号线沙尾站 B 口

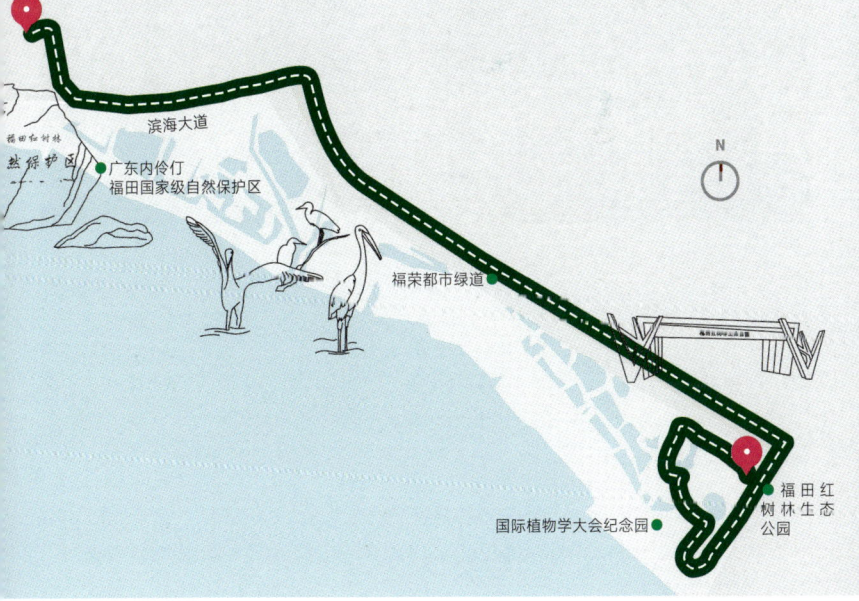

◉ 第1段 广东内伶仃福田国家级自然保护区

坐落于深圳湾的广东内伶仃福田国家级自然保护区是全国唯一处在城市腹地的国家级自然保护区。一般入口是从广东内伶仃福田国家级自然保护区管理局门前出发,穿过滨海大道下面的红树林科普隧道,抵达保护区门口,扫预约码登记才能入内。

在保护区附近,深圳红树林湿地博物馆正在规划建设,未来将是深圳重要的城市生态文化科普场馆。

福田红树林湿地上的候鸟

Q 边走边看

观鸟亭

在保护区茂密的树林中,有一座"鹤立鸡群"的观鸟亭。观鸟亭有四层,登至顶层,可以一览周边茂密的红树林以及滩涂上形形色色的鸟。你可以对照科普展板上的常见"鸟谱",寻找它们在海边的身影。

木栈道

沿着木栈道往海的方向走,沿路的滩涂上,能与多种多样的红树植物和湿地动物惊喜相遇。招潮蟹挥舞着大钳子打架,弹涂鱼扭动身躯"行走",木榄和秋茄垂着长长的胚轴,还有在淤泥里盘曲交错的树根。

观鸟长廊

红树林观鸟长廊位于保护区1、2号鱼塘区域,包括观鸟长廊、生存智慧平台、"解鸭"平台、湿地精灵平台、红树讲堂等参观研习点。长廊为不同人群设置了高度不一的观鸟窗口,还有科普小品可以互动学习。

观鸟屋

观鸟屋位于保护区开放区的尽头,其外观如漂在海边的飞船,便于人们隐蔽观察鸟类。观鸟屋环绕着一圈透明玻璃窗,视野很好。每年冬季至来年春天,都会有许多候鸟来这片海域觅食过冬,观鸟屋则是观赏候鸟的最佳地点之一。

木栈道

第 2 段 滨海大道—福荣都市绿道

从保护区出来,沿着滨海大道走约 2 千米,往右拐个弯,就进入福荣都市绿道。绿道由广深高速公路隔音林带改造而成,总长度 3.08 千米,贯穿翠湾、沙尾、沙嘴、金地、上沙、下沙、金碧 7 个社区,沿途有篮球场、儿童乐园、休闲广场等,是附近居民休闲锻炼、放松身心的地方。

第 3 段 福田红树林生态公园

福荣都市绿道的尽头,是福田红树林生态公园的入口,设有红树林科普展馆,还有国际植物学大会纪念园——一座不种一棵园林植物的公园。这里曾是沙嘴村的码头和库房,村民们从此处出海打鱼或前往香港元朗的集市,后来为了恢复滨海湿地生态环境,这里被建设为生态公园。

志愿者在福田红树林生态公园观测记录黑脸琵鹭种群

边走边看

科普展馆

从门口进来,便可看到科普展馆,馆内共有三部分:红树林世界、鸟儿乐园以及公园基址历史变迁。

红雨湖

进门不远处是园内最大的人工湖——红雨湖,湖中央有个人工浮岛,上面种植着各种水生植物,供水鸟栖息。湖旁分布着彩绘廊道、芦苇荡等景观,可以沿着湖边步道一一打卡。

国际植物学大会纪念园

国际植物学大会纪念园位于福田红树林生态公园南部的生态控制区内,参观需提前预约。它最大限度克制了人的干预,将土地的生长还给了自然。园内最初1545立方米的土壤从深圳其他公园迁移而来,然后并不人工种植花木,任凭鸟、兽、虫、风和洋流将种子撒播在土地上,让植物自由生长、自然演替。

现在的纪念园里布满了红树植物和各种飞鸟、昆虫,夜晚还有小灵猫、水獭等动物出来活动。

国际植物学大会纪念园

博物赏识

红树不是指一种特定的植物,而是指一类生长在陆地和海洋交界处,根系发达、耐盐度强的植物。红树的"红"字,指的是它的树皮含有单宁,当其暴露在空气中就会氧化成红色。

秋茄

秋茄是深圳数量最多的红树植物之一。它的胚轴细长,很像食用的茄子,南方人还叫它"水笔仔"。在福田红树林保护区有原生秋茄树群落。

老鼠簕

老鼠簕是福田红树林的重要成员之一，它椭圆形的果实后面拖着长长的花柱，恰似老鼠尾巴，而"簕"是指它的叶子边缘有尖锐锯齿。老鼠簕的叶子有特殊的泌盐结构。

老鼠簕

桐花树

桐花树又叫蜡烛果，喜欢生长在潮涨潮落的海边泥滩。桐花树的根系具有超强的"拒盐"本领，叶片表面有大量盐腺可以"泌盐"。

桐花树

木榄

木榄是构成深圳红树林的优势树种，有墨绿色的叶片、发达的呼吸根，还具有红树最典型的特征之一——胎生。

木榄

🍵 周边游玩

福田红树林生态公园旁是新洲河入海口。新洲红树碧道沿河伸展7.8千米，两岸绿茵如织、繁花似锦，可供市民游客步行、跑步与骑行。沿途设有红树驿站、红树书吧和红树茶室。

上、下沙村位于福荣都市绿道旁，是深圳几乎无人不知的城中村。这里美食多、古迹多，还有KK ONE、中洲湾C Future City等成熟商圈，商场内的HOU LIVE（下沙店）和茑屋书店是文艺青年们平日看乐队现场与看书买书的热门地点。

深圳湾红树林

步道故事

深圳与国际红树林中心

广东内伶仃福田国家级自然保护区由内伶仃岛猕猴自然保护区和福田红树林鸟类自然保护区组成,其中福田红树林鸟类自然保护区地处深圳湾东北岸,总面积3.68平方千米,是全国唯一一处在城市腹地、面积最小的国家级自然保护区。福田红树林湿地滩涂与香港米埔保护区共同组成后海湾红树林湿地生态系统。每年,有近10万只长途迁徙的候鸟在此停歇、越冬,是东亚一澳大利西亚候鸟迁徙通道上重要的"越冬地""中转站"和"加油站"。

2022年11月5日,国家主席习近平以视频方式出席在武汉举行的《湿地公约》第十四届缔约方大会开幕式并发表题为《珍爱湿地 守护未来 推进湿地保护全球行动》的致辞。在致辞中,习近平指出,中国将推动国际交流合作,在深圳建立"国际红树林中心",支持举办全球滨海论坛会议。2023年2月2日,世界湿地日中国主场宣传活动会上,国家林业和草原局公布,深圳福田红树林湿地等被列入《湿地公约》的"国际重要湿地"名录。2023年9月6日,《湿地公约》常委会第62次会议审议通过了中国提交的关于在深圳建立国际红树林中心的区域动议提案,标志着国际红树林中心正式成立。这些不仅赋予了深圳新的重要使命任务,也推动着深圳向"国际湿地城市"迈进。

福田河绿道

穿越都市中心的风景走廊

福田河是深圳河一大支流,北起笔架山,向南纵贯繁华忙碌的城市中心,穿过福田两大高品质公园,虽被笋岗西路、红荔路、振华西路、深南中路、福华路层层"拦截",但蜿蜒南下的河水依然连贯起一条水草丰茂的生态廊道。滨水而建的福田河绿道便成了市区景观设施最好、便于抵达、人气最旺的城市步道之一。

🧭 行走指南

福田河特色步道全程 9.5 千米,以笔架山公园北 1 门和滨河大道为起终点,一路景色优美,湖光山色城景一眼尽收,河岸湿地林草生态多样。除了徒步,沿线公园还配备有登山、慢跑、健身、骑行以及露营的设施和场地。尤其是笔架山公园内,运动设施非常丰富。

以笋岗西路、深南路两条主干线为界,福田河绿道被天然分为笔架山公园段、中心公园段和福田路段三部分。除了深南大道需要过人行天桥,其他路面下方都开有可供行人和自行车通行的涵洞,脚步和兴致都不会被打断。

福田河

📍 第 1 段 笔架山公园北 1 门—笋岗西路

从笔架山公园北 1 门进入,沿环山北路、环山东路、林荫大道、环山西路是一条完整的环山绿道,全长 3.5 千米,步行一周大约 1 小时。全程平坦舒适,两侧树荫如盖,有多处休憩亭和自动售卖机,东门附近还有智慧健身设施,非常适合休闲散步和慢跑。绿道上东南西北都有登山步道入口,随时可以拾级而上直抵山顶。

从环山西路经桉林路向南,便抵达福田河边,连接起河边绿道。河水漫流,花树掩映,平坦的道路沿河伸展,一路南行便是通往中心公园的涵洞了。

步道分类　城市风采

步道路线　笔架山公园北1门—笔架山公园—中心公园—福田河绿道—滨河大道

交通指引

笔架山公园北1门
周边公交站：银湖汽车站站、市救助站站
周边地铁站：6号线／9号线银湖站B口

滨河大道
周边公交站：福滨新村西站

路线长度　**9.5千米**
徒步时间　**4小时**
路线难度　★★☆☆☆

边走边看

山顶观景台

笔架山公园有大大小小十余座小丘,其中笔俊峰、笔冠峰和笔秀峰三峰并立,形同笔架,因而得名。主峰笔冠峰海拔 178 米,有平坦大路通向峰顶的平台。如果想体验登山乐趣,环山还有卧龙径、蝉雀径、探幽径、步云径、书香径几条登山步道,半小时左右就能抵达山顶。

在主峰笔冠峰和邻近的笔俊峰山顶建有多个观景平台,向西、向北可以远眺梅林山、银湖山连绵的山脊,向东、向南可以远望梧桐山和香港上水及元朗的田园景观,山脚下则是罗湖的繁华街景,地王大厦、京基 100 近在眼前。

山顶观景台

双砚湖

桉林路东的双砚湖,是笔架山公园最大的湖泊,湖边绿树成荫,砚湖亭、感恩亭掩映其间,这里是深圳观鸟胜地之一。另外,靠近北环的笔泉湖也静谧清幽,适宜观鸟。

趣味植物迷你花园

桉林路向北,路边有个趣味植物迷你花园。里面种有空气凤梨、猫须草、瓶子草、蝎尾蕉、绿虾花等各种奇特植物,旁边还有榕树下童乐园,很受小朋友喜欢。

桉树林

笔架山公园的柠檬桉林很具标志性。这片树林是深圳林场在20世纪60年代初种植的,如今株株挺拔,郁郁成林,漫步其中,能闻到柠檬桉散发的特殊香气。早晚日光斜照进林中,是景色最好的时候。

◎ 第2段 中心公园笋岗西路入口—深南中路

沿着福田河,经过笋岗西路路面下的涵洞,就直接进入中心公园。或从笔架山公园南门出来,过天桥即是中心公园东北入口。中心公园分A-E区,穿流而过的福田河是景观的焦点。每到节假日,河边的草坪上聚集着休闲放松的人群。近水河岸有亲水步道,岸上则是洒满绿荫的跑步、骑行路线。

◯ 边走边看

国际友谊墙与福田记忆公园

中心公园北侧,靠近笋岗西路的出入口,有一面福田国际友谊墙。这面墙介绍了12名荣获"福田国际友谊奖"的国际专家、学者、企业家、慈善家的贡献。附近还有个"福田记忆"雕塑公园,以雕塑艺术形式还原了福田居民早期的农耕生活和逐渐城市化的发展印记。

湖水和湿地

中心公园E区是滨水生态区。中心公园南北都有一个景观湖,E区的景观湖与人工湿地紧邻,登上湖边的二层观景台,整片湖泊尽收眼底。在景观湖附近的人工湿地上,你会欣喜地发现,漫步公园时那些头顶掠过的鸟,大都可以在这里再次相遇。中心公园原就是经过环境改造提升的城区湿地公园,这处人工湿地保留了它最原生态的一面。

石头过水桥

穿过中心公园的福田河,有很多亲水景点。D_2区的过水石桥和不远处的人行天桥都是高人气打卡点。孩子们喜欢站在石头上,看流水和小鱼儿;年轻人喜欢站在天桥上,伫立成手机里的风景。

石头过水桥

◉ 第3段 深南中路田面人行天桥—滨河大道

沿福田河行走至中心公园西南出入口,步道被深南大道中断,必须从公园C_2区出来,经田面一街辅路,过深南大道天桥,进入中心公园B区,再继续向南行走。这一段步道相对安静,水流平缓,河边常有人垂钓,两岸遍植花草绿树,适宜专注漫步骑行。

博物赏识

笔架山公园毗邻银湖山和梅林山,有保存完好的次生林,是鸟儿生活的天堂。公园里长期生活着至少 140 种鸟儿,是深圳市区观赏林鸟的最佳地点之一。在山麓、湖边、树林里经常能见到鸟儿觅食的身影,听见它们欢快的叫声。

赤红山椒鸟

赤红山椒鸟,俗名红十字鸟、朱红山椒鸟。羽毛鲜艳,雄鸟红色,雌鸟黄色。喜欢小群活动,一般生活于山地、林地或开垦的耕地,在笔架山常见。

赤红山椒鸟

黑领噪鹛

黑领噪鹛喜欢成群在茂密的灌丛活动、觅食,跳来跳去,叽叽喳喳,性格机警,叫声尖柔。在笔架山最容易见到成群的黑领噪鹛,它们是多年前一小群逃逸到公园的黑领噪鹛的后代,现已形成稳定的种群。

黑领噪鹛

绿翅金鸠

绿翅金鸠喜欢吃植物种子,单个或成对活动于森林下层植被浓密处,多在地面觅食,笔架山公园常见,其他公园较少见到。

绿翅金鸠

发冠卷尾

发冠卷尾头顶有细长的冠尾巴,两侧略微卷起,所以叫"卷尾"。喜食昆虫,晨昏有时聚在一起鸣唱,能在空中捕捉昆虫。冬天在笔架山能看到成群发冠卷尾在树梢上活动。

发冠卷尾

海南蓝仙鹟

海南蓝仙鹟,雄鸟全身蓝色,雌鸟褐色,喜欢林地中高层,在树枝间飞来飞去,捕食飞行的昆虫。春季鸟类迁徙过境期间在笔架山容易看到。

海南蓝仙鹟

褐翅鸦鹃

褐翅鸦鹃的身体为黑色,头颈和胸部羽毛带蓝紫色金属光泽,下胸至腹部羽毛泛金属绿光泽,两翼和肩部羽毛为棕栗色,非常漂亮。褐翅鸦鹃常栖息于低山丛林,常单独或成对活动,飞行能力较弱,常下至地面活动,是笔架山常见鸟类。

韭莲

中心公园 C_2 区振华西路旁绿地、D_1 区福田河边、E 区红荔路南侧，种有成片的韭莲，经过 10 多年培育，已生长为一片艳丽花海，每到夏季，吸引很多市民慕名观赏拍照。韭莲为石蒜科葱莲属多年生草本植物，叶似韭菜，花呈喇叭状，原产美洲热带地区，因为喜在夏季风雨前后开放，故与葱莲等花形相似的花朵一并被称为"风雨兰"。

朱顶红

中心公园景观湖周边，植有成片的朱顶红，每逢花季，湖边花团锦簇，游客如织。朱顶红是石蒜科朱顶红属多年生草本植物，原产于南美洲，叶片翠绿如带，花开热烈，在园林中常被用于草坪、坡地、湖岸的地被美化。中心公园从 1999 年起开始引种，已有品种 10 多个，是福田河沿岸独特的花卉景观。

朱顶红

步道故事

从绿化隔离带到深圳中心公园

中心公园南北长约 2500 米，东西最宽处约 800 米，所以在改革开放初期被叫作"800 米绿化隔离带"。在深圳最早期的城市规划里，各个城区就定下"组团分布"的发展格局，而各个组团之间由自然生态廊道和人工绿化隔离带分开，以限制城市无节制发展。

800 米绿化隔离带就是其中之一。

20 世纪 80 年代初，沿中心公园一带还是一片荒地和鱼塘，清澈的福田河从竹林中穿过，波光粼粼，鱼虾可见，潺潺流向深圳河。到 80 年代末期，深圳市绿化管理处在这里建了苗圃场，种了大量荔枝树、芒果树、龙眼树等果树，这里变成了一片郁郁葱葱的果林。1997 年初，这条 800 米绿化隔离带被改造为市民休闲健身之地，并于国庆节前夕向市民开放。

随着热火朝天的城市开发建设，经济特区内的土地变得寸土寸金，也有不少人盯上这个黄金地带，想在这块土地上进行商业开发。但深圳最终坚守了最初的生态理念，决定将 800 米绿化隔离带升级为"集观赏、游览、休闲于一体的自然植物公园"，并将首期改造项目列为 1999 年为民办实事的重要环境工程。这一年，主管部门为这条 800 米绿化隔离带举办了征名活动，共征集到来自全国 23 个省、直辖市 1800 多人的命名提案 3300 多个。最终，深圳市文明委全体成员一致通过了"深圳中心公园"这个名称。

随着公园建设不断提升，这条居于市中心的绿化带终成深圳市民心中最美丽的公共生态休闲空间之一。植被丰富，景观多样，园道纵横，设施完备，特别是纵贯南北的福田河，将北起银湖山，南至深圳湾的山水林草勾连起来，构建起繁华都市一条难得的、充满自然生趣与人文内涵的生态画廊。

华强北电子第一街

朝着梦升起的方向出发

科技、时尚、设计、文化、创新……倘若要在深圳寻找一条兼具如此之多特性的综合步道,非华强北莫属。电子科技与潮流时尚,在这里交相辉映。不论是深圳市民还是外来游客,想要了解深圳"闯、创、干"的求新求变之路,想要感受独属于深圳这座梦想之城的跃动,华强北电子第一街步道无疑是最佳的选择。

行走指南

华强北是中国改革开放梦、科技强国梦、创业致富梦的交汇之地,华强北电子第一街则是其中最具代表性的一段。从深南中路起,向北出发,沿着华强北步行街一路直行,至红荔路止。步道全长1千米,沿途串联起了上海宾馆、赛格广场、华强电子世界、华强北博物馆等一众深圳地标性建筑。

历经多次蝶变,华强北电子第一街已升级成为软硬件齐备的国家AAA级旅游景区。有新奇的电子潮品,有各种口味的美食,也有完善的休憩小站。沿街还有"魔方""深圳之眼""裸眼3D"等各种高科技酷炫光影屏、5G体验快闪店等。在这里,往事历久弥新,梦想不期而遇。

华强电子世界

边走边看

为推动华强北街区的全面升级,福田区围绕"创新创业""科技时尚""文化旅游"三大定位,组织人文历史专家和市民评选出了最能代表华强北风光、历史、文化特色的八处景观,以此表达"闯"字当先的华强北创业创新精神。

[华强北电子第一街] 043

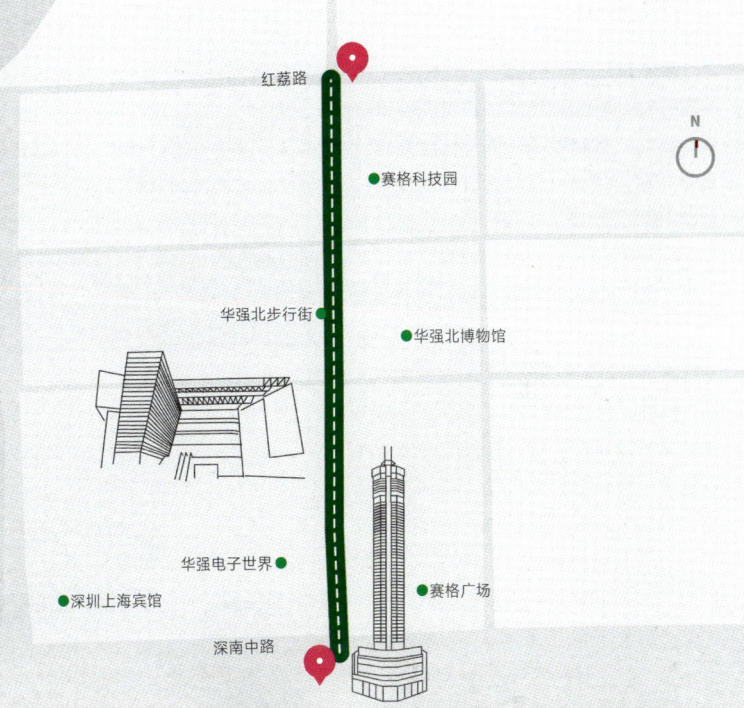

步道分类　　城市风采

步道路线　　深南中路—华强北步行街—红荔路

路线长度 **1 千米**　**徒步时间** **0.5 小时**　**路线难度** ★☆☆☆☆

交通指引

深南中路
周边公交站：赛格广场站
周边地铁站：1 号线华强路站 A 口

红荔路
周边公交站：群星广场站
周边地铁站：3 号线 / 7 号线华新站 A、B 口

电子天街

电子天街即华强北步行街,这条南北走向的长街是全球最大的电子元器件集散地,被称为"中国电子第一街"。如今这里升级为华强北步行街,集商业、科技、创新、休闲、观光于一体。

上海宾馆

作为深圳市"十大历史建筑"之首,上海宾馆是老深圳人的记忆坐标。在深圳经济特区发展初期,上海宾馆是深圳的"坐标原点",其东边是市区,西边为郊区,北边是闻名遐迩的华强北,南面是忙碌的深南大道,往来穿梭的公交路线都在这里设站。

腾讯起点

这里见证了QQ的诞生、腾讯赚的第一桶金,记录了腾讯团队早期创业的奋斗历程。这里承载着世界级企业的初心,也是华强北创业精神的象征。

华强史鉴

华强北博物馆是福田区第一家区属国有博物馆,这里展示了华强北创新发展的历史进程。博物馆充满酷炫的科技感。印象大厅的主题墙由芯片构造,充满华强北的电子气质。主展览分为序厅及四个主展厅,可以详细了解华强北的产业发展演变、文化特性,还可以浏览和体验电子产品日新月异的更迭。

华强北步行街

上海宾馆

华强北博物馆

一米柜台

华强电子世界是中国规模最大、产品种类最齐全的综合电子专业交易市场。早年,凭一台保险柜、一个计算器、一个记账本、一部手机便能在华强电子世界开门做生意,无数小摊主从这里走上更大的人生舞台,也由此缔造了远近闻名的"一米柜台"商业传奇。

赛格广场

赛格览胜

赛格广场是深圳跨世纪的标志性建筑之一。大厦内设计有世界上最高的260米全程户外观光电梯,71、72层的赛格观光厅视野辽阔。东看罗湖密集的高楼大厦,南望香港的青山绿水,西眺福田中心区和波光粼粼的大海,北观郁郁葱葱的笔架山、华强北商业街。

中航夜色

中航城天虹购物中心是华强北时尚购物集中地,是福田区打造夜间经济的示范街区,代表着华强北在科技之外时尚和悠闲的一面。

创客方舟

创客是华强北一道风景线,而这里是新一代创客精神的发源地,致力打造有国际影响力的创新创业示范基地。

周边游玩

华强北西边,是中航城天虹购物中心,汇集着各类国内外潮牌、时尚餐饮店和生活体验店,是华强北科技硬壳之下的时尚和悠闲之地。穿过购物中心继续向西,是深圳中心公园。公园内鸟鸣声声、小桥流水,可以悠闲漫步,尽情探索城市中心的绿洲。

步道故事

中国电子第一街

华强北,是创业的江湖,也是创富的传奇。它见证了深圳电子制造业的崛起和发展,一度成为世界电子行业的"晴雨表"和"风向标"。

20世纪70年代末,深圳开启了改革开放的建设热潮。当时规划中的上步工业区便是以电子工业为主的"内引外联"工业区,国家各部委在深圳的投资集中于此,而华强北则是上步工业区的核心。

1979年,广东电子工业局粤北兵工厂搬迁至这里,改名"华强电子厂",后发展为今天的华强集团,华强北得名即源于此。80年代,华强北逐渐成为众多电子企业的聚集地,来自内地和香港的电子产业资源在此汇聚,这里集中了深圳最早一批科技企业,包括赛格集团、能源集团、石化集团、纺织集团等。大族激光、腾讯控股等一大批上市公司均起步于此。

90年代后期,深圳市开始调整产业结构,对电子产品的需求愈加旺盛,作为国内第一家电子专业市场,华强北也迎来了发展的鼎盛时期,从此拉开了华强北成为"中国电子第一街"的序幕。一天内各个时间段,数不清的货物从这里发往全世界,整个华强北响彻着拖车压过马路的隆隆声。除了电子产业,华强北还辐射了周边金融业、快递业、餐饮业等,拥有50多个各类专业市场,形成一个庞大的产业生态圈。这里著名的"一米柜台"走出了50多位亿万富翁,占地3000平方米的华强北万佳百货每天营业额达300万元,赛格广场一楼街铺卖到每平方米30万元。

进入21世纪,随着时代的变迁和人们生活方式的转变,华强北也开始了对自身转型升级的积极探索。2013年,华强北开始"封街改造"。4年后,以全新的面貌回到大众视野。2017年,福田区政府印发了《华强北创新发展行动计划(2017—2019年)》:3年内投入10亿元专项资金开展"十大工程",打造20万平方米以上创新型产业空间,建设20个以上创客空间、孵化器、加速器,培育2000个以上创新创业团队。

此举吸引了大批来自海内外的创客在华强北安营扎寨。华强北商家也开始尝试新的经营思路,华强北正拥抱一个新的"黄金年代"的到来。

香蜜玫瑰步道

把甜蜜誓言留在最浪漫的地方

深圳有好几处网红婚姻登记处,香蜜公园里的福田区婚姻登记处是最早火爆的一个。景致好,意头好,让有情人的心情如花绽放,充满柔情蜜意。位于公园内的香蜜玫瑰步道,便被这份甜美环绕、包围着,一路有湖光潋滟,有玫瑰绚烂,还有中西两种风格的婚礼堂。走过相思树,迈上连理桥,幸福的故事便在这个素有"honeypark"之称的香蜜公园内浪漫上演。

行走指南

香蜜玫瑰步道起于香蜜公园西门入口,止于福田区儿童图书馆(香蜜分馆),长约1.5千米,是一条将赏景、生态、文化、休闲融为一体的特色步道,其中爱情主题是其特色之一。

进入香蜜公园西门,上百棵挺拔的大王椰分列在道路两侧组成椰林大道,这里是迎宾道也是中轴线,将北边的花蜜湖和南边的花香湖分割开来,也将玫瑰步道分成了两种走法。

路线1 香蜜公园西门—湖边玫瑰园—婚礼堂—玫瑰园主园区—连理桥—林地线(三楹大道)—中部栈道—福田区儿童图书馆(香蜜分馆)

从西门进入,沿着左侧小石径走,约20米便是湖边玫瑰园。玫瑰园附近分布着福田区婚姻登记处及两座中西不同风格的婚礼堂。穿过婚礼堂,北边是玫瑰园的赏花路,东边是花蜜湖上的连理桥,一路都是烘托爱情的浪漫场景。环绕花蜜湖水系向东,可连接到林地线(三楹大道),从这里上中部栈道,向西北方向走100多米,就看到福田区儿童图书馆(香蜜分馆)了。

玫瑰园

步道分类

风物景观

步道路线 1

香蜜公园西门—湖边玫瑰园—婚礼堂—玫瑰园主园区—连理桥—林地线（三椏大道）—中部栈道—福田区儿童图书馆（香蜜分馆）

步道路线 2

香蜜公园西门—七彩花田—南部栈道—四季花谷—林地线（三椏大道）—中部栈道—福田区儿童图书馆（香蜜分馆）

路线长度　**1.5 千米**　徒步时间　**约 1 小时**　路线难度　★☆☆☆☆

交通指引

香蜜公园西门

周边公交站：农园路站

周边地铁站：7 号线农林站 C 口、2 号线侨香站 B 口

边走边看

小蝴蝶游戏场

位于西门左侧玫瑰步道旁,占地面积约1033平方米,多彩的花卉与展翅欲飞的蝴蝶造型,再加上彩色儿童游戏器械、儿童学步道等设施,共同营造出色彩艳丽、生动活泼的儿童活动空间。

婚礼堂

婚姻登记处·玫瑰园

在花蜜湖畔,种植着一大片月季花,大家习惯叫它"玫瑰园",就连园中装饰的灯也雕刻着玫瑰花瓣。5000平方米的花园装点着8万株、120余种玫瑰与月季。福田区民政局也将婚姻登记处安置在这里,再配以中式和西式的婚礼堂,被网友评为"最美婚姻登记处"。无数新人在这里甜蜜牵手。

花蜜湖

花蜜湖位于椰林大道北侧,是公园防洪防涝的重要场地。湖上有西式婚礼堂,也含有新人的生活甜甜蜜蜜的寓意。湖的四周设有长椅供市民休憩。

连理桥

出婚姻登记处,经过中式、西式婚礼堂,走过玫瑰园主园区后,沿湖到达连理桥。这里印着无数新人双双对对的脚印,有无数的爱情故事在这里书写。

路线 2 香蜜公园西门—七彩花田—南部栈道—四季花谷—林地线（三楹大道）—中部栈道—福田区儿童图书馆（香蜜分馆）

玫瑰步道的第二段以鲜花与儿童主题为主。迎宾路往南，环花香湖西岸行走，便能看见七彩花田。登上南部空中栈道，视野更为开阔，一路湖光楼影，四周花树环绕。走过四季花谷，经林地线上到中部栈道，便与路线 1 重合。

边走边看

七彩花田

七彩花田在香蜜玫瑰步道最南边，这里有红火箭紫薇、扶桑、小叶紫薇、紫娇花等花卉，春夏季繁花盛开一片锦绣，许多游客喜欢在这里拍照。

花香湖

花香湖，湖面静谧安详，水面倒映着深南大道边的高楼和环香蜜湖片区的城市天际线。湖岸有自然书吧，可供休憩。

四季花谷

2022 年初，位于公园东南角的四季花谷正式开园迎客。香梅斋、兰花庭、杜鹃阁、桃花源……各类主题花卉展馆中，游客可以欣赏各类花卉，了解园艺知识，购买鲜花。

空中栈桥

空中栈桥

空中栈桥是香蜜公园的一大特色。公园内共有三处栈桥，分布在公园的南部、中部、北部，靠近玫瑰步道的为南部栈桥。走在栈桥上，花香湖景尽收眼底。

福田区儿童图书馆(香蜜分馆)

福田区儿童图书馆(香蜜分馆)

福田区儿童图书馆(香蜜分馆)共三层,总建筑面积约1000平方米。作为一座"小而精、精而美"的儿童图书馆,它是一个建在公园里的"森林图书馆",更是与儿童文学院完美融合的"儿童文学小镇"。

博物赏识

月季

玫瑰园内大量种植着月季花。月季以一年四季不分春、夏、秋、冬皆能开花而备受世界园林界欢迎。中国是月季原产地之一,栽培历史悠久,世界各地有各种各样的栽培品种,花色以红色为主,其他有白、黄、粉红等。

小叶紫薇

小叶紫薇种植于香蜜公园七彩花田内,其花色艳丽,开花时正当夏秋少花季节,花期极长,故称"百日红"。小叶紫薇喜温暖湿润气候,喜光稍耐阴稍耐寒稍耐旱。小叶紫薇花姿优美,花色艳丽,是优良的观花植物,多作为园景树、行道树和遮阴树,适于各式庭园,可孤植、列植或群植。

粉纸扇

从香蜜公园西门口的农林路,到香蜜公园内,随处可见粉纸扇的存在。粉纸扇是红纸扇与洋玉叶金花杂交育成的品种,花期 6~10 月,园艺界通常叫它"粉叶金花",也有"粉落花""粉萼金花"等别名。

白头鹎

白头鹎额至头顶纯黑色而富有光泽,因头部后枕的白色羽毛而得名。俗名也叫"白头翁"。白头鹎是中国长江流域及其以南广大地区的常见鸟类。在香蜜公园也时常看见它的身影。它不太惧怕人类,喜欢在草地上欢快蹦跶。

小叶紫薇

粉纸扇

白头鹎

步道故事

遇见你心目中的香蜜公园

2017年7月19日,香蜜公园正式开园。这座年轻的公园,景观优美、设计新颖、理念超前,其建设模式为后续公园的建设蹚出了一条新路,是深圳公园建设史上的一个重要转折点。

早在2003年,市政府就收回了香蜜公园所在的地块,并将其规划为公园用地。但当时香蜜公园情况十分复杂,在社会各界密切关注下,福田区政府决定,采取公众参与的形式来推动公园建设。2014年7月,香蜜湖街道举办了"我心目中的香蜜公园"绘画活动,这是"开门问计"中格外生动的一场主题活动。周边社区的家长带着孩子参观完项目基地后,现场画出了理想中的香蜜公园。在这一系列作品中出现的亭、桥、小溪、游乐场、足球场等都成为后来设计师们的灵感之源。

最终建成的香蜜公园总体园林设计理念既有场地精神的传承,也有造景艺术的创新,充分重视原有植物资源的保留和利用,原有的荔枝林保留为现在的古荔区。公园里的婚礼堂和空中连廊,连接周边学校和社区,成为广受欢迎的精彩设计手笔。

香蜜公园建成后,步道的规范建设也给这座宜人的绿洲再次增添了亮色,游客不仅可以在这里休闲娱乐,还能来一场"city walk"。

第二程

罗湖

人间草木 神仙山湖

仙湖植物学家步道是一条以植物为主题的自然研习步道。依山傍水，风景优美，占尽仙湖植物园优越的地理环境和丰富的植物资源，是自然爱好者的必走之路。步道沿湖区伸展，沿途可赏湖光山色，又可阅人文景观，其间遍布仙湖植物园多年来引种、繁育的各类特色植物。步行者可以在静谧秀丽的自然山水间了解植物的历史，学习植物知识，领略植物的智慧，缅怀为中国植物研究和植物园建设做出卓越贡献的植物学家、园林学家，并切实体会：一个缤纷多样、万物共荣的地球对人类来说有多么重要。

仙湖植物学家步道

研读植物的生命之书

🧭 行走指南

步道起点设在仙湖植物园内花树掩映的植物学家雕像园。经十一孔桥、化石森林、桃花园、仙人掌与多肉园、友谊林、玉带桥、盆景园,到远翠馆后分为两个方向:一段向东经逍遥谷至梧桐山西坡的蕨园;一段向南,经湖畔草坪到邓小平手植树,穿过幽溪抵达天上人间景区的桫椤湖。第一段步道长约2千米,第二段长约1.8千米。全程地势平缓,略有坡度,对一般步行者而言没有难度,但因为沿途可看景点较多,行走时间因各自兴趣不同而有所差异。

步道分类　博物研习

步道路线　终点1（蕨园）

植物学家雕像园—裸子植物系统园—十一孔桥—化石森林—仙人掌与多肉园—友谊林—盆景园—远翠馆—罗汉松园—苦苣苔园—蕨园

路线长度　**2 千米**　　**徒步时间**　**1.5 小时**　　**路线难度**　★☆☆☆☆

步道路线　终点2（桫椤湖）

植物学家雕像园—裸子植物系统园—十一孔桥—化石森林—仙人掌与多肉园—友谊林—盆景园—远翠馆—邓小平手植树—桫椤湖

路线长度　**1.8 千米**　　**徒步时间**　**1 小时**　　**路线难度**　★☆☆☆☆

交通指引　仙湖植物园

　　　　　　周边公交站：仙湖植物园总站、仙湖路地铁站站、莲塘街道办站

　　　　　　周边地铁站：2号线／8号线仙湖路站 C₃口

特别提示

1. 逍遥谷至苦苣苔园段预计将于2024年6月开通。
2. 游客可提前登录"深圳市仙湖植物园"官方微信公众号、"美丽深圳"官方微信公众号购买门票。
3. 从仙湖植物园大门到步道起点植物学家雕像园的距离为1.9千米，步行时长为30分钟左右。
4. 园区内植物繁茂，蚊虫较多，须携带防蚊虫物品。
5. 园区内设有多处饮料自动售货机，购买饮水十分便捷。但餐厅较少，游客可自备食物。

 休息点　 洗手间　 起终点

植物学家雕像园

第1段 植物学家雕像园—裸子植物系统园—十一孔桥—化石森林—桃花园—仙人掌与多肉园—盆景园

从了解一点植物学史开始

仙湖植物学家步道在仙湖植物园内。从植物园正门沿着苏铁路走到两宜亭,再沿松柏路经过缅栀书吧,然后从揽胜亭旁一条石阶步道下行,就抵达步道起点——植物学家雕像园了。

从入口到两宜亭是一段缓慢上升的环山路,两侧有高大的台湾相思和非洲楝,树上植有巢蕨、二歧鹿角蕨和多种兰花植物,营造出热带山林常见的附生景观。虽然景区有摆渡车,但这段路非常适合行走,一路浓荫匝地,山风习习,令人步履轻松。

从起点雕像园开始,经过裸子植物系统园、十一孔桥便是接连不断的观景点和专类园。此处有两个选择:一是依山走,经化石森林、桃花园、仙人掌与多肉园、盆景园,再下到湖边玉带桥;二是环湖走,经芦汀乡渡、水生园、环湖栈道到玉带桥。"化石森林"和"仙人掌与多肉园"是这段路的热点,但如果你是个植物发烧友,"植物学家雕像园"更值得你徘徊沉思,细读每一座塑像下面镌刻的名字,都是一段鲜活的现代植物学史。

🔍 边走边看

缅栀书吧

抵达雕像园之前，缅栀书吧值得坐坐。它位于科研楼一楼北侧，地势较高，视野宽阔，周围种植有大片鸡蛋花树。鸡蛋花又称缅栀子，缅栀书吧由此得名。书吧藏书4万多册，以植物学文献为主，还有专业杂志。其中，著名植物学家胡秀英教授捐赠的大批文献资料尤为珍贵。书吧门前有错落的休息区，异常安静，树下小憩一会儿也是难得的惬意时光。

缅栀书吧内部

植物学家雕像园

植物学家雕像园是一个幽静的所在。四周有松、杉、柏等裸子植物环绕，苍古而肃静。园内则是一个活泼雅致的小花园，植有各类月季、秋海棠、蓝花丹等开花植物，平日游人不多，鸟鸣蝶舞、异常清幽。花丛中立有十尊汉白玉雕像，他们是中国早期植物学、林学、植物园建设的奠基者。每一个名字的背后都是一段了不起的人生，而他们的故事诠缀起中国现代植物学早期发展历史以及中国主要植物园的建设史。雕像园一角，还生长着一棵挺拔俊朗的铁冬青，是著名植物学家胡秀英教授亲手所植。

仙湖植物学家步道起点

香港回归纪念林

香港回归纪念林于1997年3月由深圳和香港两地的青年共同种植，以纪念香港回归祖国。林内种植了1997株国家保护植物——土沉香。纪念林的轮廓是一幅中国地图，象征祖国统一的美好愿望。

化石森林

　　化石森林是世界上规模最大的硅化木迁地保存、展示景区。硅化木是树木化石,其木质结构和纹理清晰可辨。国内展区收集了来自辽宁、新疆、内蒙古等地的硅化木 400 多株,国际展区则展示了来自马达加斯加、印度尼西亚、美国、蒙古、缅甸等地的硅化木 200 多株,其中年代最早的是出自晚侏罗纪—早白垩纪地层(距今约 1.35 亿年)的松柏类、落羽杉型硅化木。

　　化石森林一角有一片虾子花,开花时节总能吸引叉尾太阳鸟、长尾缝叶莺、暗绿绣眼等鸟类,是深圳"鸟人"的热门聚集地。

桃花园

走过化石森林，东侧有一片坡地，种植有绯桃、碧桃、毛桃、寿星桃等多个桃花品种，还有中国红、广州樱、云南冬樱花、福建山樱花、红梅、三华李等早春观花植物。春节一过，漫山遍野的桃花、樱花、李花争奇斗艳，开出一片烂漫春光。

仙人掌与多肉园

仙人掌与多肉园包括3座温室展馆，共展示数百种仙人掌科和大戟科多肉植物。美洲馆主要展示仙人掌科植物，亚洲馆展示多浆多肉植物，非洲馆展示大戟科等较高大沙漠植物，各馆之间有风雨连廊相连。园内还有座"黑法师的小木屋"，是仙湖植物园专门为孩子们建造的图书馆。

桃花园

仙人掌与多肉园

第 2 段　玉带桥—湖区—远翠馆—逍遥谷—罗汉松园—苦苣苔园—蕨园

"与时俱进"的缤纷生命

从仙人掌和多肉园出来可以沿着石阶下行到湖边。环湖的一段是这条步道景致最美的一段,也是人最多的一段。湖岸有低垂的水翁蒲桃、挺秀的落羽杉;湖滨有水生植物园,湖中有药洲。池鹭飞翔,锦鳞游泳,风景宜人。但最值得流连的是隐在山谷里的蕨园。沿木栈道步入林谷深处,即刻尘嚣远隔,沉浸在古老植物的世界。

从远翠馆到蕨园,可以走主园路,也可以绕经罗汉松园和苦苣苔园,这两个园也是仙湖植物园经典的专类植物园。

仙湖湖区

Q 边走边看

水生园

水生园位于仙湖东北角,栽培有荷花、睡莲、王莲等多种水生植物,中心有一座听雨亭,北岸有船舫,沿岸则植有落羽杉、水松等落叶植物。夏天荷香盈盈,鹭鸟翻飞;深秋时节,落羽杉叶逐渐变红,倒映在碧绿的湖面,是深圳难得的绚丽秋色。

水生园

药洲

药洲是一座人工小岛,岛上种有山麦冬、山银花等多种药用植物,还有野生的白花蛇舌草、半边莲等。因其孤立湖中,不允许游客到访,岛上植物自由生长,已成为池鹭、小白鹭、夜鹭、普通翠鸟、白胸翡翠、黑鸢等鸟儿的乐园。

药洲

罗汉松园

罗汉松园位于竹园西侧的山谷之中,园内收集有珍珠罗汉松、绿钻罗汉松、红芽罗汉松、日本罗汉松、台湾罗汉松、广东罗汉松等种类600余株。园尽头是一座颇具禅意的水榭——栖心榭,再往里便是一座面积不大的人工湖——镜湖。

罗汉松园

蕨园

蕨园位于梧桐山西坡,是仙湖植物园"国家蕨类种质资源库"的重要组成部分,占地面积约2万平方米,主体是一条近1千米长的自然溪谷。谷内湿润清幽,种植有蕨类植物近500种,间有高山榕、假苹婆、西番莲等热带亚热带乔木、藤本植物等多层次植被。蜿蜒的木质栈道穿梭其中,沿途立有生动活泼的科普知识牌,行走其间仿佛置身茂密的热带雨林。

蕨园建有室内蕨类植物应用示范点"醒蕨屋"和科普展馆"知蕨馆",兼具教育性与趣味性。

蕨园一角

科普展馆知蕨馆

第3段　湖区大草坪—幽溪—桫椤湖

走进南亚热带雨林溪谷

从远翠馆，过锁龙桥便到了湖区大草坪。这里开阔平坦，种植了很多棕榈科植物，有着浓郁的热带亚热带风情。大草坪是举办各种科普、文化、花事活动的场所，节假日游人如织。而绕过邓小平手植树向南，进入幽溪，世界就变得宁静而深幽。幽溪是仙湖植物工作者珍爱的一条原生态科普小道，想亲身走进去体验，需要预约，还需要一颗对环境真诚爱护的心。

桫椤湖

边走边看

邓小平手植树

1992年1月22日，邓小平同志到仙湖植物园参观，在仙湖畔亲手种下这棵高山榕。而今来仙湖的游客都喜欢跟这棵枝繁叶茂的大树合影，感念改革开放给中国带来的巨大变化。

邓小平手植树

桫椤湖

桫椤湖位于天上人间大草坪南侧。梧桐山的水，顺溪谷而下，从天池经暗河注入桫椤湖，再由桫椤湖流入幽溪的沟谷，最终汇入仙湖。

桫椤湖因北岸种植国家保护植物桫椤而得名。湖南岸则是以簕杜鹃为主题的缤纷赏花路。环湖植有各类花树和水生植物，每逢粤港澳大湾区花展，这里被布置得缤纷多彩，鲜花倒映的水面流光溢彩，既清幽又斑斓，深得赏花人喜爱。

粤港澳大湾区花展

博物赏识

虽然仙湖是植物王国，但优越的生态环境养育了众多的生命形态。湖里的鱼，山里的蛇，林里的昆虫，溪里的蛙……其中最多的恐怕是鸟儿。步行的路上，它们或在头顶盘旋，或在耳边啁啾，步道的特色就是鸟语花香。

远东山雀

叉尾太阳鸟

灰鹡鸰

橙腹叶鹎

香港回归林

步道故事

沉香木与香港之"香"

1997年香港回归之际,深港两地青年在深圳仙湖植物园共同种下一片"回归林",庆祝香港回归祖国怀抱。这片"回归林"按中国版图轮廓,由1997棵土沉香树组成,占地近33000平方米。

土沉香,也叫白木香,是一种传统的中药材和香料植物,主产自华南地区,尤以珠江三角洲一带的出产最有名。它与"香港"这个名字的由来有着悠久的历史渊源。

土沉香,瑞香科常绿乔木。据《中国植物志》记载,其"老茎受伤后所积得的树脂,俗称沉香,可作香料原料,并为治胃病特效药;树皮纤维柔韧,色白而细致可做高级纸原料及人造棉;木质部可提取芳香油,花可制浸膏"。东莞一带历史上生长着大片的土沉香,至明清时,其出产的"莞香"远近闻名,是贵比黄金的贡品,今香港新界沙田、大屿山等地,古属东莞,亦产莞香。

明末广东诗人屈大均在《广东新语》中,记载莞香鼎盛时的情景:

"当莞香盛时,岁售逾数万金,苏松一带,每岁中秋夕,以黄熟彻旦焚烧,号为薰月,莞香之积阛门者，一夕而尽，故莞人多以香起家。"

每年，大量的莞香从各地运到九龙的尖沙咀（尖沙咀古时称"香埗头"），再渡海到港岛的石排湾（香港仔），然后转运广州、苏杭，远至京师。而"香港"原本指石排湾、香港仔一带，后推而广之，扩大为香港全岛乃至九龙、新界之总称。

作家叶灵凤在《香港方物志》中有一篇《香港的香》，追溯了香港得名与"香料贸易港"的关系。今天沙田城门河附近的香粉寮，当年就是利用水碓来舂香木成粉，制造线香、塔香的；还有大帽山脚下的川龙村，也有许多舂香粉的大水磨、水碓。这些都是当年莞香的余韵，也就是今日香港之"香"的由来。

莞香虽然有名，可是上品产量并不多，而且沉香树要生长十余年后才有香可采，

迎香港回归京九植树活动

所以产量供不上宫廷的需求，很多香农为逃香赋，自毁香树逃亡，再加上清康熙年间海禁迁界，莞香生产日渐衰落。也因为人们无节制取香，天然沉香树木逐年减少，今天已成为国家二级保护树种。

不过，种在"回归纪念林"里的土沉香，得梧桐山水滋养和人们的精心养护，郁郁葱葱，已成为仙湖一大风景。

土沉香木

"冬青之母"的仙湖情缘

在仙湖植物学家雕像园一角，长着一株郁郁葱葱的冬青树。这是著名植物学家胡秀英教授亲手栽种的。

20世纪初，胡秀英出生于江苏徐州，她是毕业于哈佛大学的第一位华人女博士，在国际植物学界有"Holly Hu"之称（Holly是冬青的英文名）。

胡秀英1949年毕业后，在哈佛大学安诺树木园工作，这里收藏了大量的中国植物标本。借助工作便利，胡秀英把这些植物以科分类，并加以描述、写出关键信息，引用重要的文献和研究过的标本，详细记录在卡片上，共记录了158844张卡片，这些卡片后来被哈佛大学植物标本馆放在网上，命名为"胡卡（Hu Card Index）"。

1968年胡秀英到香港中文大学任教，其间踏遍香港山岭海岸，采集标本2.4万份，并着手撰写《香港植物志》。她还与香港中文大学中医学院合作，以圆叶冬青、梅叶冬青、大叶冬青三种冬青科植物，混合制成著名凉茶"三冬茶"。

由于深圳毗邻香港，仙湖植物园成了胡秀英经常往来的地方，作为高级学术顾问，她不仅指导植物园建设及研究工作，还把她在哈佛大学半个世纪的资料（包括藏书、单行本、手稿、笔记、卡片等）捐赠给仙湖植物园。现在，这些资料都收藏在仙湖植物园缅栀书吧内。

2005年2月，胡秀英博士百岁华诞庆典在仙湖举行，国内外100多位著名植物学家参加。这年9月，胡秀英博士在仙湖亲手栽下一棵铁冬青。她说："仙湖植物园是最美丽的植物园，也是我的家。"2012年5月22日，胡秀英走完精彩的一生。她的学子们在仙湖植物园、香港中文大学、美国哈佛大学各选植一棵冬青，把她的骨灰撒在树下。胡秀英便永远长眠于美丽的仙湖之畔。

今天，这棵铁冬青已长得枝繁叶茂，春日繁花盈树，秋日丹果满枝，让人时时感念这位老植物学家的卓越智慧与温厚情怀。

在老一辈科学家的激励与关怀下，如今的仙湖植物园已成为华南乃至中国最主要的植物保育基地之一，保育的活植物接近12000种。仙湖植物园代表中国首次成功申办了被誉为国际植物学"奥林匹克"盛会的2017年世界植物学大会，其园林景观设计、植物展示效果、植物资源的保护与利用都已达到世界一流水平。

进行野外采集工作的胡秀英

　　层峦叠翠的梧桐山,自西向东分布着三大主峰:小梧桐、豆腐头、大梧桐,称"三峰秀拔"。大梧桐海拔 943.7 米,为深圳最高峰。此处可俯瞰深圳市区,又与香港最高峰——大帽山隔海相望。

　　梧桐山建有多条登山步道,其中登云步道跨罗湖、盐田两区,是交通便捷、市民登山最方便的登山道。8.5 千米的路程,横穿梧桐山三大主峰,直达鹏城之巅。在这里可以看到最壮观的杜鹃花海,最美的海岸线,最现代化的海港,以及最引人入胜的梧桐云海。

梧桐登云步道

怀抱凌云志 信步梧桐巅

◁ 行走指南

　　梧桐山登云步道主要由登云道、小梧桐连接段、十里杜鹃、好汉坡、秀桐道五部分组成，沿途风景各具特色。仅小梧桐连接段其中的一段（废弃索道站到小梧桐广场）为土路，其余路段均为石板路或青石台阶路。登云道、小梧桐连接段、十里杜鹃、好汉坡多为上行路段，自西向东横穿梧桐山三大主峰，全程坡度大，整体爬升难度高；秀桐道段为下行路段，全程台阶，下半程段坡度较大。整条线路总体对体能有一定要求，适合较常运动的徒步爱好者。

步道分类　　风物景观

步道路线　　梧桐山风景名胜区主入口—梧桐山南路—仙桐体育公园—仙桐路—登云道—小梧桐—十里杜鹃—好汉坡—大梧桐—秀桐道

交通指引　　**梧桐山风景名胜区主入口**
　　　　　　　周边公交站：梧桐山南公交站
　　　　　　　周边地铁站：2号线 / 8号线梧桐山南站 D 口
　　　　　　秀桐道
　　　　　　　周边公交站：中青路西公交站
　　　　　　　周边地铁站：2号线 / 8号线深外高中站 C 口

路线长度 **8.5 千米**
徒步时间 **5 小时**
路线难度 ★★★★☆

N

武深高速

鹏城第一峰

大梧桐
⑨
好汉坡广场
⑧
⑦ 双凤亭
毛棉杜鹃
⑥
蝴蝶谷
⑤
豆腐头

映山红

惠深沿海高速

⑩ 秀桐道

秀桐道山道
（全长约685米）
里程：1000M
海拔：717M

特别提示
1. 全程路线较长，出发前务必确认好身体状态，合理规划好时间。
2. 上山之前可自带一些水和食物，做好防晒、防蚊虫准备。
3. 路线入口节假日会拥堵，建议绿色出行。

 休息点

 洗手间

 起终点

第1段 登云道—小梧桐
在山水环绕中步步登高

登云道

　　游客可乘坐地铁2号线/8号线到达梧桐山南站D口,从梧桐山风景名胜区主入口(南大门)出发到达仙桐体育公园,经仙桐路接连登云道。步道为3千米混凝土路,沿途设有亭台,走起来毫不费力,作为"热身"路段再适合不过。

　　从畔山路和百世路交会处登入登云道更为便捷,步道全长3.5千米,全程是青石台阶路面,虽然不是很陡,也挺耗费体力,沿途设有2个观景亭台,一路绿林环绕,环境清幽,很是阴凉舒适。此道沿着仙湖山脊而上,弘法寺的仙气与深圳水库的美景灵秀俊美,能让忙碌的你抛开烦忧,回归清新的自然。

　　爬上山顶,是梧桐山第三高峰——小梧桐,标志性景点深圳电视转播塔就坐落于此,在蓝天白云的映衬之下,显得格外雄伟。走到废弃索道站,沿着土路向上行走500米,抵达小梧桐山顶广场,在这里可以远眺好汉坡的陡峭,俯瞰深圳市中心的城市景观。

边走边看

梧桐山主入口

深圳市梧桐山风景名胜区主入口位于仙桐景区内,主要功能包括集散、广场活动、停车及管理服务等,交通通达性、引导性完善。主入口接连 3 个主要登山口,分别是凌云道、追云径和风帆径。

凌云道:全长 2.1 千米,是路程最短的登山道,以险陡著称,可直达小梧桐电视塔,登山口在主入口的右侧湖区。

追云径:可与凌云道会合,前往梧桐山南路和小梧桐电视塔。

风帆径:与追云径相对,可前往梧桐山南路和仙桐体育公园。

第 2 段 小梧桐—十里杜鹃—大梧桐

做个好汉子 登顶第一峰

从小梧桐山顶开始,穿过杜鹃专类园区,沿山脊线经梧桐山第二高峰豆腐头、蝴蝶谷、双凤亭到达好汉坡广场,全长 2.2 千米。一路有杜鹃花夹道盛开,途中可眺望盐田港,远望香港绵延山峦。

好汉坡广场是市民游客登顶会聚点,此处可休整一下,进行补给。接下来的好汉坡登顶道路,是沿山脊的一处长陡坡,全长 1.18 千米,十分考验体力与耐力。

登上深圳最高峰大梧桐,可见"鹏城第一峰"巨石。这里可以尽览深圳全貌,雨后有变幻莫测的云雾缥缈于山谷之间,幸运的话可以偶遇壮观的梧桐云海。晴朗天气,这里可以远眺香港新界、澳门、珠海、中山乃至广州。

豆腐头登山道

边走边看

小梧桐

小梧桐是梧桐山第三高峰,海拔692米,视野开阔,可俯瞰深圳水库,远眺大梧桐,晚霞和夜景尤为壮美。这里有标志性景点深圳电视转播塔,杜鹃谷、万花屏、杜鹃园等景点更是整个梧桐山风景区的名片。

深圳电视塔

梧桐山的地标性建筑——深圳电视转播塔位于小梧桐山顶西端海拔640米处,高度198米,在云海起伏中巍峨挺立,若隐若现,是自然景观与人文景观的完美融合。

豆腐头

豆腐头为梧桐山第二高峰,海拔702米,半圆的山头形似豆腐渣堆,于是客家人就把这半圆的山峰称为豆腐头。这里也是映山红的主要分布区域,每年3~4月花开季节,满山遍野的映山红,把山头染得火红一片。

蝴蝶谷

蝴蝶谷位于梧桐烟云景区,峡谷内植物繁茂,常年蝴蝶飞舞,因此得名。此处可供游人休憩、观景、躲避风雨,也可沿好汉路至好汉坡广场。

深圳电视塔

双凤亭

双凤亭

　　双凤亭位于好汉坡与豆腐头之间,每当春季来临,夹道两旁的杜鹃迎风怒放,云雾缭绕的林海中,恰似一双展翅的凤凰遨游在山峰下。站在双凤亭处,上可欣赏好汉坡、大梧桐顶峰,下可俯瞰市区,观深圳电视塔,远眺香港和深圳湾,是一个供游人休憩和观景的绝佳地点。

好汉坡

好汉坡广场

梧桐山好汉坡广场是"山海连城"计划的城市看台之一,位于好汉坡的游客服务中心,是攀登大梧桐顶峰的整备点,也是纵览深港、观赏深圳新八景之一"梧桐烟云"的最佳观景点。

鹏城第一峰

大梧桐

大梧桐海拔943.7米,被誉为"鹏城第一峰"。山上植被丰茂,景色迷人,游客登高望远,可一览群山与鹏城全景。因邻近海湾,上升的气流形成变幻莫测的云雾,形成风景区最具特色的"梧桐烟云"景观。

第3段 大梧桐—秀桐道

回望来时路 山山横翠微

到达大梧桐后,步道路线变为下行。顺着秀桐道走,全程为花岗岩石阶,长约2.6千米,是梧桐山风景区海天景色最美的路段。沿途可远眺大鹏海湾,海风习习,风光无限。

沿秀桐道下行至2.1千米里程处,与碧桐道相连接,可到达沙头角东部,注意不要走错。至秀桐道1.8千米里程开始,步道坡度变大,需提高专注力。沿路植被渐渐丰富,高大的浙江润楠、土沉香、铁冬青等大树随处可见;步道两侧遍布毛棉杜鹃与吊钟花种群,花开时节,一路山花烂漫。

眺望沙头角

边走边看

桫椤谷

路线终点区域邻近桫椤谷,可看到2.5亿年前恐龙的食物——刺桫椤。谷内竹林茂密,分布大量桫椤,构成树蕨群落特色景观。

梧峰霞光

梧桐山风景区高处是欣赏大气光现象的绝佳胜地,日出或日落时天空时常会出现各种色彩缤纷、绚丽壮观的光学景象,梧桐晓日、梧峰夕照、梧桐极目、凤台仙境、碧台万里、岭西斜阳、霞飞长廊、梧桐晨曦等,都是梧桐山极为诱人的景色。

博物赏识

吊钟花

吊钟花是梧桐山风景区资源丰富、最具特色的观赏植物之一，春节前后开花，粉白至粉红色，盛花期 1 月下旬至 2 月。小梧桐到大梧桐山顶坡面，尤其山脊线两侧较多。吊钟花是杜鹃花科吊钟花属落叶或半常绿灌木，花朵形如铃铛，所以也叫铃儿花、倒挂金钟、灯笼花。吊钟花是广东传统年花，民间有"金钟一响，黄金万两"的美誉。

吊钟花

红花荷

红花荷是金缕梅科红花荷属常绿乔木，花朵大而色彩红艳，形似夏季盛开的荷花，盛花期在 1 月中下旬至 2 月。红花荷别名红苞木，花形似吊钟，又称"吊钟王"，在梧桐山集中分布于豆腐头。

红花荷

桫椤

桫椤别名刺桫椤，桫椤科桫椤属蕨类植物，享有"蕨类植物之王"的美誉。桫椤是白垩纪时期遗留下来的珍贵树种，存活 3 亿多年，比恐龙的出现还要早 1.5 亿年，是仅存的木本蕨类植物，有"活化石"之称，属国家二级保护植物。在梧桐山集中分布于盐田桫椤谷，数量约 2000 株，单株最高近 13 米，最大地径达 45 厘米。

桫椤

深山含笑

又名莫夫人玉兰,主要分布在大梧桐的高海拔沟谷,树高可达 20 米,花大而洁白,花香清新淡雅,花瓣基部稍呈红色,因此也叫光叶白兰花。

深山含笑

✤ 步道故事

深圳绿肺梧桐山

梧桐山国家级风景名胜区位于深圳中南部,总面积 42.04 平方千米,是以山海湖一体、景城相融、纵览深港为景观特色,以生态保护、科普科研、休闲观光为主要功能的城市风景类国家级风景名胜区;也是全市"山海连城"计划"一脊一带二十廊"山脊翠脉的中心节点。

梧桐山风景区峰峦秀丽、云雾缭绕、历史悠久、风景宜人,是市民登高游览的胜地。景区动植物资源丰富,是深圳重要的物种基因库,森林覆盖率达 83.91%,被誉为深圳"绿肺"。如今的梧桐山,以神秘莫测的"梧桐烟云"荣膺深圳八景之一。登梧桐山观赏日出日落,已成为粤港澳大湾区年轻人的热门活动之一。

梧桐山层峦叠嶂,云海翻滚,四时不同景,十里不同天,更有精灵无数,在山间栖息。秉持保护与鉴赏森林野趣的环境理念,同时方便市民进行游览,梧桐山充分考量安全性及对自然生态环境的最低破坏,优选风光优美和特色景观植物群落观赏路线,在 2002 年至 2021 年间,建设了景区内 6 条主登山步道、8 条附属步道、12 条自然步道,累计总长 52 千米。

每天清晨,梧桐山都会伴着深圳这座奇迹之城,在山与海的交响中醒来,吸引着无数人,他们或登高览胜,或投身山林,在喧腾多彩的现代城市生活中找到一刻心灵的安宁与自在。

杜鹃谷步道

半山花海 一城春光

梧桐山的山脊线横跨罗湖、龙岗、盐田三区,这里纵横交织着远足郊野径、绿道、手作步道,还有官盐古道、一线和原二线巡逻道。杜鹃谷步道是梧桐山野中最适宜春天行走的一条,路线穿过的杜鹃谷、万花屏等地,是毛棉杜鹃花密集开放的区域,漫山开放的花朵如霞似锦,照亮了深圳一城春色。

行走指南

距离杜鹃谷最近的入口,是全长约 3.5 千米的登云道。此道沿着仙湖山脊而上,全程青石台阶路,坡度平缓,有树荫遮蔽。爬上不远的山顶处,向左走到废弃索道站,沿着土路继续登高,抵达小梧桐山顶广场。广场北侧沟谷边有几个杜鹃谷次入口,可深入谷中赏花。

杜鹃谷出来后的路程都是弯弯绕绕的公路,走起来比较轻松。向左沿公路行走 700 米去往万花屏,沿着万花下径可近看千年杜鹃王。从赏花栈道出来往前走 300 米到达凤凰台。再沿右侧的好汉路继续前行 1.6 千米到达好汉坡广场,这里纵览深港,是观赏深圳新八景之一"梧桐烟云"的最佳地点。

赏花径

边走边看

杜鹃谷

人间三月天,梧桐赏杜鹃。杜鹃谷藏于小梧桐广场北,是毛棉杜鹃资源最丰富的区域之一。盛花时节,毛棉杜鹃花开成海,站在观景台眺望,层峦叠翠的梧桐山谷中,繁花似锦,灿若云霞,仿佛大自然织出的一块巨大云锦。毛棉杜鹃以蓬勃烂漫的生命力,浓墨重彩地演绎着深圳最绚烂的春光。

[杜鹃谷步道] 089

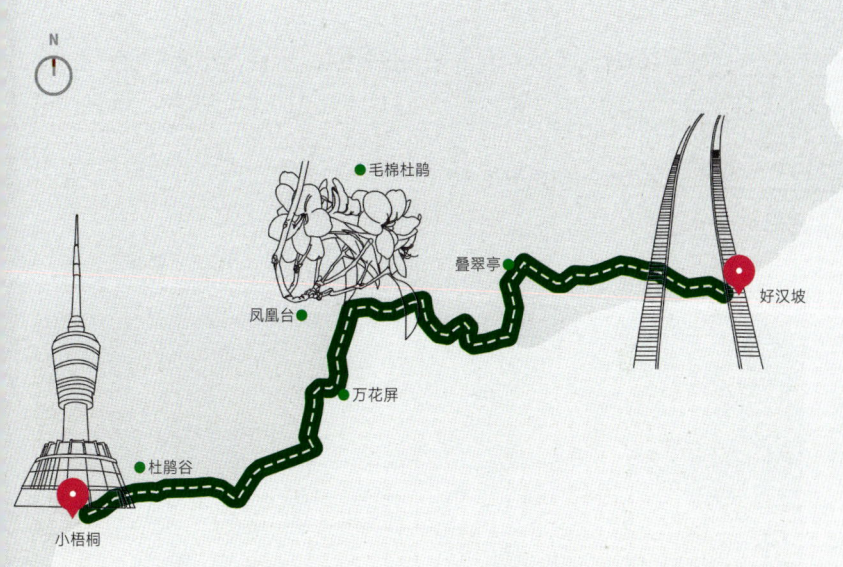

步道分类　风物景观

步道路线　小梧桐—杜鹃谷—万花屏—叠翠亭—好汉坡

路线长度 **3.1 千米**　徒步时间 **1.5 小时**　路线难度 ★★☆☆☆

交通指引

小梧桐　登大道出入口
好汉坡　碧桐道出入口

　　杜鹃谷有寻香径、拾芳径、花溪径、漫花径、金钟径和新修步道等6条步道,总长度约2.2千米。步道整体设计自然舒适,取用天然材料。沿着赏花步道在山林花海中穿行,拾芳于山海林间,可一路直达谷底深处。

万花屏

万花屏毗邻杜鹃谷,也是毛棉杜鹃花海最壮观的景点之一。由千余株毛棉杜鹃古木组成的古鹃林,绵延数百米,从坡顶一直开到谷底,仿佛一只凤凰栖息在梧桐山上,蔚为壮观。万花屏下方有一棵"千年杜鹃王",直径0.58米,树高10.5米,要三个成年人才能合围。

万花屏有万花栈道、万花上径、万花下径和古鹃径4条步道,共计1.6千米,连通了整个万花屏景点。游客可在花海中穿行,赏花于咫尺。沿万花上径可抵达第二高峰——豆腐头,沿万花下径更可抵达杜鹃王和古杜鹃林片区,一睹千年杜鹃的风采。

万花屏

凤凰台

凤凰台位于通往大梧桐与小梧桐的交叉路口,分上下两层。一楼可以看花艺展,登上二楼观景亭可极目远眺,沿途均是盛放的杜鹃,对面是蝴蝶谷,这里常年花飞蝶舞,生机盎然。

叠翠亭

叠翠亭位于好汉路重要节点,是重檐八角攒尖顶的八角亭,主要为游客提供观景和休憩功能。亭子两侧成片的吊钟花尽显妖娆艳丽,对面是双凤亭,毛棉杜鹃在山野间尽情绽放,这美不胜收的景象正如周国荣为叠翠亭的题词"亭前叠翠风皴出,壑底含烟雨洗成"。

金钟闹春

"金钟闹春"位于大梧桐叠翠亭北侧,这里的吊钟花成片,从叠翠亭一直开到泰山涧。每至春节,粉红、深红、粉白……不同品种的吊钟花在不同的花期变幻着不同的色彩,行走其中,美如诗画。

博物赏识

映山红

又名山踯躅,是杜鹃花科杜鹃花属半常绿灌木,花冠艳红色至猩红色,鲜艳夺目。从小梧桐到大梧桐山顶分布有约1万株,多散生于山顶灌丛,豆腐头山顶的映山红自然成片分布。

映山红

毛棉杜鹃

毛棉杜鹃是深圳唯一的原生高山杜鹃，也是世界上分布在纬度最低、海拔最低山林的高山杜鹃，唯一在大都市中心分布的原生高山杜鹃。花朵有淡紫色、粉红色或淡红白色，花开时节铺满整个树冠，鲜艳夺目。梧桐山有大规模的古毛棉杜鹃林。

丁香杜鹃

丁香杜鹃又名华丽杜鹃，是中国特有植物。花朵是清新雅致的紫色，主要分布在小梧桐到大梧桐山脊两侧，特别是大梧桐周边山顶灌丛，遒劲有力的树干与粉嫩柔美的花朵刚柔并济，是中低海拔过渡群落中的优势种。

锦绣杜鹃

锦绣杜鹃又名毛杜鹃、鲜艳杜鹃，是杜鹃花科杜鹃花属半常绿灌木，花色多样，从粉白到玫瑰紫色，花瓣具深红斑点。集中分布于好汉路沿路、好汉坡步道与十里杜鹃长廊。

毛棉杜鹃

丁香杜鹃

锦绣杜鹃

白刺湍蛙

白刺湍蛙是深圳区域特有种,目前仅知主要分布在梧桐山,排牙山有少量分布,栖息在海拔 60~500 米的山溪里。这种蛙在繁殖期会出现一种特殊结构,即在其颞区(鼓膜除外)、颊区和唇部有圆锥状白刺。

白刺湍蛙

小灵猫

小灵猫与大灵猫、果子狸是近亲,是珍稀的国家一级重点保护野生动物。小灵猫头小,鼻吻部尖,外耳廓大而圆,因为尾巴有 7~9 节环纹,又名七节狸。其尾尖通常为白色,四脚乌黑,所以又叫乌脚狸。小灵猫一般生活在多林木的山地,胆子很小,是一种独居夜行性动物。

小灵猫

山苍子

梧桐山是深圳野生山苍子的主要分布区域,山苍子散落在各个山坡上。每到春暖花开时,梧桐山就笼上了一层温柔的淡黄色。

山苍子

步道故事

梧桐山与毛棉杜鹃花

每年三至四月,梧桐山便迎来一场盛大花事,满山的毛棉杜鹃进入盛花期,"毛棉杜鹃节"也如期而至。

梧桐山的毛棉杜鹃是世界上分布纬度最低、海拔最低的原生乔木型高山杜鹃,也是世界上唯一自然分布于大都市市中心的大树杜鹃。但让杜鹃花绽放成海、成为深圳春日烂漫的生态名片,则花费了育林人一番苦心。

2005年开始,梧桐山风景区陆续开展了杜鹃花属植物的山林抚育工作。从小梧桐、豆腐头再到大梧桐山顶,沿山脊两侧以及小梧桐沟谷、万花屏,对毛棉杜鹃、映山红和丁香杜鹃等进行环境梳理和科学抚育。首先对影响杜鹃花树生长的周边环境进行清理,去除杂草,修剪树枝,解决周边植物胁迫,留出杜鹃树生长空间和充足的阳光;然后再适当施用有机肥,促进植株健康生长与发育。在没有景观树种生长的区域则保持原生态,不加人工干预,最大限度地保护山野原始样貌。经过十多年的精心抚育,梧桐山才有了10多万株杜鹃竞相绽放的奇观,"杜鹃花海"成为继"梧桐烟云"后另一盛景。

目前,梧桐山上的毛棉杜鹃约10万株,从海拔90米到880米均有分布,主要分布在小梧桐及大梧桐山脊线以北的坡面,尤其是小梧桐北侧杜鹃谷和万花屏,已形成蔚为壮观的春日景观。

从2016年开始,每年杜鹃花开时节,梧桐山便举办毛棉杜鹃节,除了满山烂漫花海,还组织有杜鹃花精品盆景展、文化自然科普展、花卉园艺展及文艺表演活动。

此外,梧桐山近年不断引入杜鹃花园艺品种与原生种共计750余种、12.5万株,建成春鹃锦绣、夏鹃吐艳、东鹃织景、踯躅坡、杜鹃啼红5个杜鹃专类园,让市民不仅能欣赏毛棉杜鹃的原生态景观,还能同时观赏杜鹃花的多姿多彩。

洪湖荷花步道

送一朵夏日，给正在赏荷的你

六月里，一缕微风吹皱湖面，也吹拂起满塘荷动。一只白鹭从荷花间翩然飞过，呼啦啦地惊醒一池子的夏天。这里是洪湖公园，东靠水贝，西依笋岗，在罗湖热闹的街市间辟出一处静谧的绿意空间。它是深圳最早建成的公园之一，自1988年以来每年举办荷花展，将观荷赏荷的文化带进了深圳人的日常生活里。洪湖荷花步道位于洪湖公园中，是一条荷叶拥簇、莲香绕足的景观步道，园内约580种荷花、近50种睡莲让人们可以饱览荷花的千姿百态。

行走指南

洪湖公园是一个以荷花为主题，以湖泊湿地景观为特色的市政公园。它如同一个水乡泽国，湖泊密布，荷叶田田，三片主要的湖泊莲香湖、静逸湖、洪湖从北至南连缀成片，还有小岛和小潭错落其间，鸥鹭常栖，鱼虾嬉戏，一派湖光水色迷人眼。

洪湖荷花步道是公园中的主园路，起于公园的东大门，环绕三湖蜿蜒伸展。北边湖中有望不到边的荷花，中部湖面有芙蓉桥如雨后彩虹横跨水上，南边湖畔有大片落羽杉在秋冬季变为童话般的焦糖色，十余座充满古韵的水榭亭台点缀在岛屿水岸间，若是向南眺望去，不远处的京基 100 和地王大厦矗立成一道城市风景线，守望着罗湖的黄金岁月。

公园占地面积较大，可以沿着洪湖荷花步道游览公园一周，也可根据想观赏的季候景观，直奔风景所在区域，夏品荷花，冬赏杉林，四季都可观鸟。

洪湖公园

特别提示

洪湖公园从 2023 年 9 月至 2024 年 8 月进行南区基础设施提升改造，北区正常开放。

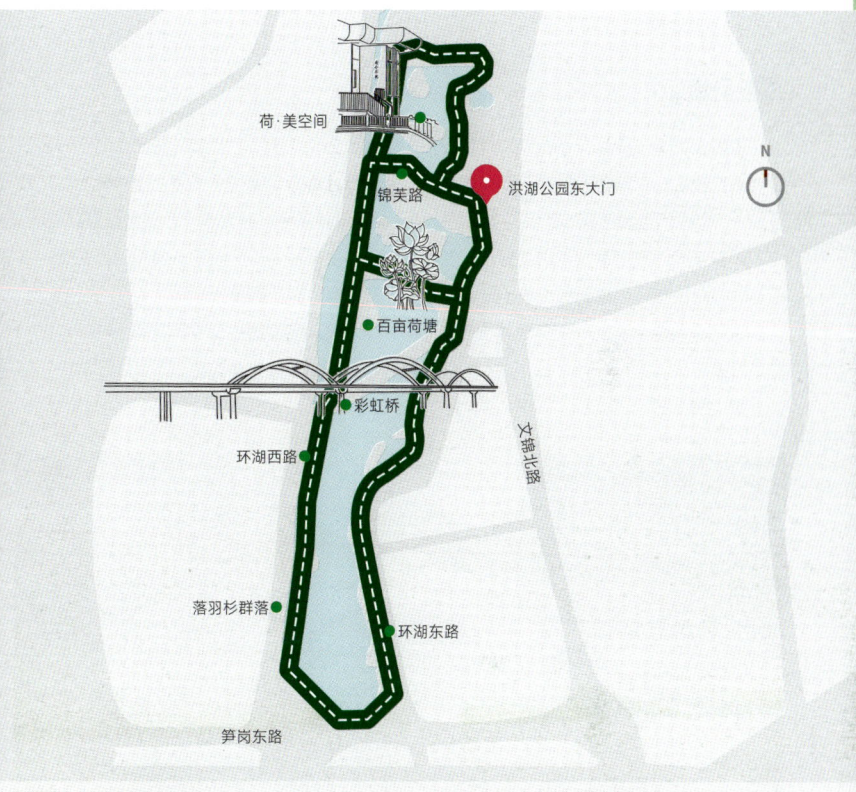

步道分类 风物景观

步道路线 洪湖公园东大门—环湖东路—环湖南路—环湖西路—锦芙路—洪湖公园东大门

路线长度 **4.6千米**　**徒步时间** **2小时**　**路线难度** ★☆☆☆☆

交通指引

洪湖公园东大门

周边公交站：洪湖公园②站　　　周边地铁站：7号线洪湖站A口

🔍 边走边看

百亩荷塘

"接天莲叶无穷碧,映日荷花别样红",荷花是洪湖公园的盛大花事。满湖的荷花竞相绽放,让人眼花缭乱,有碗状、碟状、杯状等花形,有少瓣、重瓣、重台等花姿,还有粉、白、紫等多色。塘中的造雾装置,还会徐徐喷出水雾,为荷塘增添了几分仙气,让人仿若置身仙境。

观赏不同的花可前往不同的片区。荷花主要集中在莲香湖、静逸湖、洪湖、品荷园,在品荷园与映日潭可以看到稀奇的王莲与睡莲。一日中观赏荷花的最佳时间为上午11点前。

在百亩荷塘中看到一朵并蒂莲是赏荷时的惊喜彩蛋。并蒂莲,一枝荷花柄上花开两枝,发生的概率大约为十万分之一,被人们认为是吉祥如意、喜乐安康的象征。洪湖公园每年都会发起"寻找并蒂莲"的活动,为发现者竖立标示牌。

百亩荷塘

荷·美空间

穿过向荷塘深处蜿蜒的木质栈道,便来到位于荷仙岛上的荷·美空间。这是洪湖公园的公共图书馆。蓝顶白墙的独栋建筑被百亩荷塘所环抱,是个与城市繁华隔绝的清幽之地。这个集阅读、展览、休闲、科普教育、文化活动于一体的公共休闲空间,藏有超2万册书,并与少儿图书馆总馆和其他分馆实现通借通还。夏天的时候人们尤爱在图书馆内的大落地窗前读书,窗外是满眼的叶绿荷红,还有白鹭掠水而过,荷香和书香仿佛一同在身边萦绕。

落羽杉林

"南有金乔木,名唤落羽杉。"原产于北美洲的落羽杉属高大落叶乔木,树叶季节变化分明,为全年常绿的深圳带来一丝难得的秋冬气息。在公园南半区洪湖的东岸,有华南地区种植规模最大的落羽杉群落,数量有近千株,春夏季时,新生的叶子青翠欲滴,随着天气转凉慢慢变为焦黄、褐红、金红,像一幅层林尽染、色彩斑斓的油画。

1984年,洪湖公园建园之初便种下了首批落羽杉,并在20世纪90年代又进行了一轮大规模的扩种,在30多年后的今天成长为蔚为壮观的规模。

荷·美空间

落羽杉群落

博物赏识

睡莲和荷花

睡莲和荷花外形相似,但事实上荷花属于山龙眼目、莲科,而睡莲属于睡莲目、睡莲科,从生物学关系上它们并不亲近。分辨两者的方法有几种:荷花的花朵挺立,高于水面,睡莲的花朵则浮于水面;荷花开得张扬,花型为大型单瓣或重瓣,通常伴有香气,睡莲开得含蓄,花型为小型单瓣或半重瓣,通常没有香气。

荷花

克鲁兹王莲

克鲁兹王莲

在一众亭亭玉立的荷花与睡莲中,克鲁兹王莲是个不同寻常的存在。克鲁兹王莲属于睡莲科王莲属,特征之一是它硕大圆润的叶片。叶片轻巧地漂浮在水面上,却能负重30千克,几岁的小朋友甚至可以坐在上面。它的另一个特征是"花开三日,三日三色",就像咖啡店门口"closed"和"open"的牌子一般提示着前来传粉的昆虫。花朵第一日为白色,并散发浓烈的香味,吸引昆虫前来授粉;第二日为粉红或紫红,没有香味,向昆虫传递没有花粉的讯息;第三日则变为深红。

正在捕鱼的池鹭

池鹭

洪湖公园是深圳知名的观鸟地之一,连片的湖域和湿地吸引了鸟儿们来此觅食嬉戏、繁衍生息。其中池鹭因数量众多,是最容易被观察的鸟类之一,常常能看到它们气定神闲地在荷叶间踱步,淡定地面对观鸟者的镜头。

平日里池鹭穿着一身麻褐色纵纹的外衣,进入繁殖期后则会褪去朴素的外衣,换上一身"婚服":深栗色的头颈、酱紫色的胸、蓝灰色的后背,显得格外英俊抖擞。但不论何时,它们的翅膀都为白色,背部为深色。此外,大小白鹭、夜鹭、黑水鸡、普通翠鸟都是洪湖公园的常见鸟类。

周边游玩

水贝位于洪湖公园的东边,作为中国最大的黄金交易集散地,这里每天都挤满了想"淘金"的人们。与洪湖公园一路之隔的是人民公园,同作为深圳的老牌公园,人民公园也拥有自己的"拥趸"——爱花者绝不会错过公园里 300 多个品种、5 万多株的月季。每到一年一度的月季花展,芳姿万千的花朵们便在深圳市民的朋友圈里频频刷屏。人民公园再向南走是东门老街。从明代时罗湖一带的村民们摆起的摊点,到现在熙熙攘攘、热闹非凡的商业步行街,老街历经了数百年沧桑。人们爱在东门买便宜好看的衣服和饰品,也愿意钻进横街窄巷里找些地道的小吃。

步道故事

从泄洪之湖到赏荷之园

现在漫步在洪湖公园中,被荷香环绕的游客们,很难想象这里曾污水泥泞、杂草遍生。

地处东南沿海的深圳受到夏季风的影响,雨水频密,再加之台风不定期带来的暴雨,区域内的河流容易因雨水骤降而水位快速上涨。当水位到达河流洪峰警戒线时,为了尽可能控制洪水对周边地区造成的灾害,会由人工在河堤打开一个缺口,向指定地区引流洪水。位于布吉河东侧的洪湖公园所在地因地势低洼,常常被充作泄洪区,用于调节雨季洪水,根据深圳市防洪工程规划,布吉河流域47.5平方千米汇水面积的洪水会临时停留在泄洪区内。洪水汇聚成湖,其贮水量达250万立方米,于是这个湖就被称为洪湖。当河流的水位下降至安全范围内时,洪湖的水又会被释放回布吉河中。

1984年笋岗路与泥岗路之间的泄洪区被规划为公园。因布吉河与公园之间并未设置阻隔,洪水来临时,依旧将大量泥沙与污水冲刷进公园内。为了美化原有的环境,公园决定因地制宜规划引进荷花,自此开始了30多年的荷花培育和种植。从最初塘中的几朵野荷花到今日的百亩荷塘,一代代种荷人付出了无数的汗水。在20世纪90年代初,种荷花还是个重体力活,一个养荷花的大水盆重达三四百斤,需由四五

洪湖公园

个人同时发力才能搬动。没有便捷省力的工具,只得靠工人用木板和木船将荷花运至湖中,再一盆盆种下。到今日,为了筹备一年一度的荷花展,将美丽的荷花呈现至市民面前,公园从3月惊蛰前后就得忙碌起来,为5000多盆盆栽荷花一一翻盆。

随着城市的经济发展,流域内的防洪设施逐渐完善,洪湖公园的蓄洪功能慢慢淡化,成为市民青睐的休闲公园,并在一代代种荷人的努力下,到如今已成为华南片区具有代表性的荷花种植基地和种质资源库。来洪湖公园看荷花,已经成为不少深圳人必不可少的夏日仪式。

淘金山绿道

徜徉在都市与湖山之间

在一半山水一半城的罗湖,深圳水库如同一颗蓝宝石镶嵌在梧桐山脚下。环水库东西各有一条绿道如带环绕。东侧梧桐绿道山水相伴,西侧淘金山绿道绿意盎然。其中,淘金山绿道由原淘金山二线巡逻路改建而成,不仅风景优美、交通便利,还充满科技感,是一条连接着山水与城市的生态型、智慧型、文化型绿道。

行走指南

淘金山绿道以翠荫路翠湖文体公园为起点,经布心山、原二线巡逻路,蜿蜒至沙湾驿站,全线共长 5.2 千米。绿道平缓,两侧林荫密布,适合散步、跑步、骑行。

绿道沿线由南向北分为映彩华章、山林野趣、山湖叠翠和绿廊揽胜四个主题段,布有 13 个景观节点、3 个驿站。

除了赏景,淘金山绿道还是一条智慧型绿道,全程有网络覆盖,并设有互动终端、环境数据智能采集、智能语音精灵等高科技应用,游客可以在行走中感受智能生活的便利。

淘金山绿道

边走边看

中式凉亭

淘金山绿道兼顾便捷舒适与亲近自然,道路两旁设有许多凉亭,如花溪亭、思源亭、沐风亭等,既是驻足歇脚之地,也是一道传统风格的景观。

中式凉亭

步道分类　风物景观

步道路线　翠湖文体公园—淘金揽秀—童趣园—沐风亭—二线亭—湖山在望—
　　　　　　沙湾驿站

路线长度 **5.2千米**　　**徒步时间** **1.5小时**　　**路线难度** ★☆☆☆☆

交通指引

翠湖文体公园
周边公交站：淘金山绿道南站、七支队生活区站
周边地铁站：5号线布心站D口

沙湾驿站
周边公交站：沙湾公交场站
　　　　　　沙湾公交总站

童趣园

绿道行至中段,便可见童趣园。童趣园是淘金山绿道的一大亮点,这里针对不同年龄段的儿童,设置了沙坑、跷跷板、攀爬架等设施,是一个充满童趣的小乐园。

栖霞驿站

栖霞驿站

离开童趣园不远,便抵达栖霞驿站。栖霞驿站是淘金山绿道的一级驿站,这里视野开阔,朝东可远眺仙湖植物园。驿站场地平坦开阔,会定期举办一些节庆活动。

二线关文化

沿着绿道前行,可见一处名为"二线亭"的休憩亭。因淘金山绿道是基于原有的淘金山二线巡逻路而改建,除了二线亭,途中可在多处感受二线关文化。绿道沿线保留了5处哨岗亭,一段192米的原二线关围网,收集了原边防七支队当年建设二线关的历史资料,在沿线进行文化展示。

湖山在望

走到绿道末端绿廊揽胜一段,便到了绿道中最大观景平台。这里视野开阔,可以一览湖山连城,仙湖植物园、梧桐山、深圳水库等尽收眼底,因而得名"湖山在望"。

博物赏识

行走淘金山绿道,可以登风铃台俯瞰风铃溪谷。这里种植有多种风铃木。风铃木属落叶乔木,紫葳科,是世界著名观花树种,花量大,花色鲜艳。在广东我们常见的风铃木有黄花风铃木、银鳞风铃木、洋红风铃木和紫花风铃木等。

黄花风铃木

黄花风铃木

黄花风铃木原产于热带美洲,我国于1976年由华南植物园从美国引种,近年成为美化街道、营造花样景观的热门观赏树种。每年春季,先叶而发的花朵浓密绽放,常常把整条路染得灿烂金黄,是春天至为热烈的烂漫景象。

银鳞风铃木

银鳞风铃木

银鳞风铃木又叫金黄栎铃木。掌状复叶,叶面及叶背密被银白色鳞片。黄色花朵与叶同生,聚生为松散的圆锥花序。5月中下旬开花,是风铃木中开花最晚的品种。

蔷薇风铃木

蔷薇风铃木

蔷薇风铃木又叫粉花风铃木,原产于美洲。掌状复叶,小叶长圆形。花淡粉色,大而美丽。深圳众多公园都有种植。

紫花风铃木

紫花风铃木原产于中南美洲,在华南地区广泛栽培。叶子长圆形,花色是浓艳的紫红色,花期12月至次年2、3月,早于其他风铃木。

紫花风铃木

步道故事

经济特区的"淘金"岁月

深圳是中国最早建立的经济特区之一。为保证特区的建设秩序和社会秩序，1982年经国务院批准，特区与非特区之间建起了一道全长84.6千米的铁丝网，这道铁丝网就是深圳特区管理线，沿线的一个个深圳经济特区检查站被称为"二线关"。

那时，"关内"与"关外"俨然两个世界。"关内"车水马龙、热闹繁华，政策灵活、工作机会多、工资待遇高，令人向往。"关外"的人想进入"关内"，须办理手续复杂的边防通行证件。

特区的建设热潮和发展机会，吸引了全国各地的劳动者纷纷前来特区"淘金"，形成了20世纪80年代"百万劳务工下深圳"的打工热潮。在经济特区40多年的历程中，他们始终是支撑特区建设和发展的重要力量。

随着特区的飞速发展，关内关外逐渐融合。2018年1月，国务院同意撤销深圳经济特区管理线，边防证与二线关正式退出历史舞台。但在深圳不少地方仍保留着深圳特区管理线的遗迹，只不过，当年的二线巡逻路已经变身为绿道供市民游客休闲漫步。

盐田

奔赴山海 遇见生活

　　不论你从哪里出发,但凡初到深圳,前往一游的总少不了大、小梅沙。日出沙头,月悬海角,在风光旖旎的大鹏湾畔,由大、小梅沙海湾连接而成的梅沙湾正联袂而漾。1999年建成的大梅沙海滨公园与小梅沙海洋世界,承载着三代人的滨海记忆,行走在这片充满青春回忆的步道上,远离俗世尘嚣,可以静听海的低喃,回味深圳山海联袂创作的故事。

梅沙海滨步道

阅读山海合著的美丽经典

行走指南

大文豪博尔赫斯说:如果有天堂,那应该是图书馆的模样。沿着梅沙海滨步道漫步,那么你就可以用脚步丈量从"天堂"到"天堂"的距离。

梅沙海滨步道西起海鲜街盐梅路出入口,东至背仔角,途经三个盐田网红图书馆,步道沿着黄金海岸线蜿蜒,游人可近距离听海看浪,全路段平坦、坡度缓和,适宜全年龄段徒步游玩。

步道分类　　风物景观

步道路线

海鲜街盐梅路出入口—大梅沙海滨栈道—大梅沙驿站(悦海图书馆)—大梅沙海滨公园—小梅沙驿站(观海图书馆)—背仔角驿站(望海图书馆)—背仔角

路线长度　**13.7 千米**

徒步时间　**4 小时**

路线难度　★☆☆☆☆

交通指引	海鲜街盐梅路出入口
	周边公交站：海滨绿道站、盐田海鲜街路口③站
	盐田海鲜街站
	周边地铁站：2号线／8号线盐田港西站A_1口
	背仔角
	周边公交站：小梅沙站

| 特别提示 | 地铁8号线二期工程将于2023年12月28日开通，市民游客可乘坐地铁至大梅沙站、小梅沙站抵达梅沙海滨步道。 |

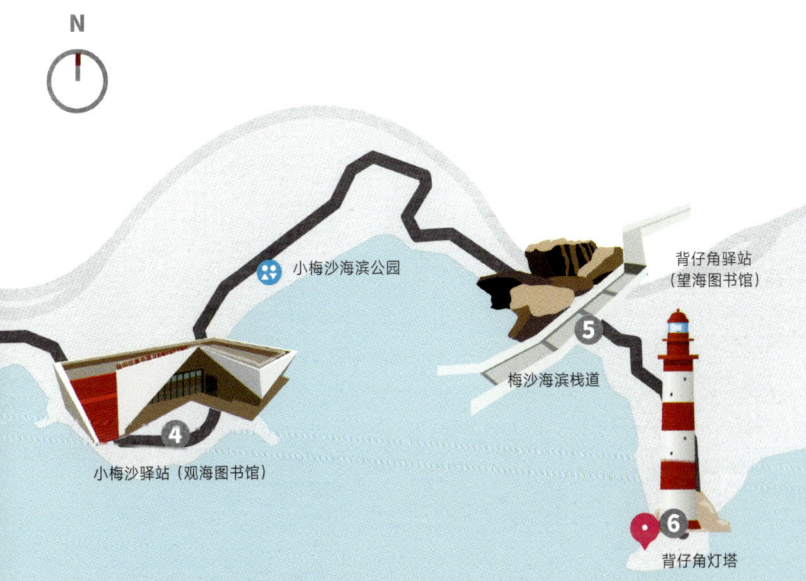

 休息点　 洗手间　 起终点

第 1 段　海鲜街盐梅路出入口—大梅沙海滨公园

千年蔚蓝海域的心悦之旅

从车站下车，顺着盐梅路南侧进入步道，远离了繁华的都市，避开游客如织的滨海景点，这里仿若被人遗忘的世外桃源。

由于海边多台风，为了保证安全性与气候适应能力，大、小梅沙步道采用木板敷设，提供了更具包容性和灵活性的开放空间，也重新定义了步道与自然景观的关系。

一条贯通的自行车道，串联起了慢行步道和观景平台。值得一提的是，海滨栈道全线配备了夜景灯光，夜光照明系统由 2100 多个 LED 光控灯组成，主要依托安装在栈道护栏上的太阳能光板进行发电，让夜晚行走在栈道上的市民游客也能尽情领略盐田区的海滨夜景。

不远处的悦海图书馆，即大梅沙驿站，伫立在花木中，看见这座建筑后，沿着步道继续向东，不到 1 千米就能走到大梅沙海滨公园。

边走边看

悦海图书馆

悦海图书馆就在沿海栈道旁，不规则的木质外立面极富现代感，周边绿意盎然的植被将其环绕，营造出惬意、温馨的阅读环境，让身处其间的人们脑海中瞬息浮现"诗和远方"。

这里既是图书馆，也是休息驿站，沿途其余的图书馆均按此设计。如果你在海滨步道走累了，可以在此小憩，浏览书籍，观山赏海，心悦神怡。

大梅沙海滨公园

作为国家 5A 级风景区，大梅沙海滨公园拥有全深圳最长的海滩、清澈的海水、广阔且细软的沙滩，"梅沙踏浪"被誉为深圳八景之一。

大梅沙海滨公园三面青山相拥，中间开阔平缓，一面临海，全长 1.4 千米的沙滩就镶嵌在这青山碧海之间。绿荫冠盖的阳光走廊连接着椰树林立、花草鲜艳的风信广场与涟漪广场，分 4 个小公园可供游客欣赏，分别是生态复育公园、文化遗址公园、核心公园、观海漫步公园。沙丘绿洲、缀花草坪、棕树林立，形成了优美舒适的海滨休闲环境。

大梅沙海滨公园

第 2 段　大梅沙海滨公园—小梅沙海滨公园

听海风说过去的故事

作为游客入口，小梅沙海滨栈道驿站位于地势较为平坦的宽阔区域，不仅方便游客于此休息，站在驿站的观景台上还可以一览梅沙湾的壮丽景色。大、小梅沙步道由三层廊道组成：既有位于高处的自行车道和人行道，也有下沉的悬空栈道，以便更近距离地看海听涛。

步道栏杆的底部由预制混凝土模块组成，而顶部由不锈钢的扶手组成。在雅致的工业白与充满活力的深海蓝的交相辉映下，沿着小梅沙海滨栈道，走大约 30 分钟，就可以从小梅沙驿站走到小梅沙海滨公园。

边走边看

观海图书馆

小梅沙海滨栈道驿站是观海图书馆，这座图书馆还有另一个名字——"红色精神谱系专题馆"。这是全国首个集合"红色主题图书"与"智慧服务"的基层"红色阅读空间"，从这个丰富多元的"红色文献资源阵地"俯瞰，整个小梅沙尽收眼底。

观海图书馆

小梅沙海滨公园

小梅沙海滨公园是深圳八景之一"梅沙踏浪"的重要组成部分，其中开馆 20 年的小梅沙海洋世界陪伴了一代深圳人的青春岁月。这里有可以看水母的梦幻海底世界，有可以和海豚亲吻的海洋剧场，记录了许多深圳人与海洋的"第一次亲密接触"。目前，小梅沙正在升级改造，项目整体改造将于 2024 年基本完成。

小梅沙海滨公园（改造前）

第 3 段　小梅沙海滨公园—背仔角

寻找电影里的灯塔

背仔角栈道全长约 2.5 千米，是梅沙海滨栈道的网红打卡路段。与别处的栈道不同，背仔角栈道建在礁石边、海面上，漫步其中，有种置身于汪洋大海的壮阔感。沿着海滨步道一路向前，仿佛就能到达世界的尽头。

虽然背仔角的海滩比不上大梅沙的壮阔，比不上小梅沙的秀美，但胜在安静、干净。清澈的海水透出沁人心脾的蓝，在阳光的照射下泛起梦幻般璀璨的金光，在富有韵律的浪涛拍岸声中，共同构成了一张视听结合的画面。

边走边看

背仔角灯塔

从小梅沙海滨公园向东约 3 千米，在一片波涛汹涌的海面上，有一个颜色鲜艳的灯塔，远远望过去就能给迷茫的人指明方向，这里就是背仔角灯塔。在 20 世纪 80 年代规划深圳经济特区范围时，当时的背仔角是特区最东边的起点。

望海图书馆

栈道边的望海图书馆，结合了盐田港的集装箱元素，蓝黄结合的外立面十分显眼。图书馆的其中一层兼做观景平台，从这里看向一望无际的大海，目光与蓝色的大海相遇的那一刻，所有烦恼都在瞬间消失了。

望海图书馆

背仔角灯塔

博物赏识

细叶榄仁

细叶榄仁是优良的海岸树种,其花小而不显著,呈穗状花序,株高可达 15 米。树姿英挺豪放,绿荫遮天,为低维护性高级行道树和园景树。特别是,细叶榄仁到了冬春交替之时,叶片由于表面水分蒸发量增大而变黄脱落,于是每当缕缕春风吹拂,金黄叶子簌簌地落下,铺满梅沙海滨步道,仿若一幅油画,让草长莺飞的春天多了一分"秋日的静美"。

细叶榄仁

海枣类棕榈科树木

沙滩与椰林最为般配,梅沙海滨步道旁常常可见海枣类树木,使步道充满热带风情。海枣是世界上最古老的树种之一,茎干常具有细芽而呈丛状,高达 10 米以上,被以疏松排列的底边弧状的近三角形的叶痕而显得极为粗糙。

露兜

露兜也是一种从头到尾都弥漫着热带气息的植物——除了拥有似章鱼腕足的粗壮气生根群,树上还挂满了青绿色地雷般的"假菠萝"。露兜树树形优美特殊,是世界上有名的热带观赏树种,又因为它排列层叠有序的"扇叶",看上去螺旋状扶摇直上,所以人们又给了它"时来运转"这个意头好的名字。

海枣

露兜

🍵 周边游玩

在海鲜街段栈道,观赏盐田港的晨曦、日落,一定会让人此生难忘。步道周边除了有吸引潮男潮女前来购物度假的奥特莱斯、大梅沙村,山青水碧、鸟鸣谷幽、云遮雾绕的三洲田也离得不远。

⚑ 步道故事

旅游胜地的前世今生

梅沙湾沙滩长 2.9 千米,宽 100 多米,东起背仔角,西至正角嘴,两个岬角间像一面镜湖,连接着浩瀚的南海。自古以来,这里就是人们生息繁衍、赶海踏浪的地方。

盐田风急,梅沙浪高,千年来将沙石淘沥得洁白细软,当地客家人把细幼的滑沙称作"霉沙","霉沙""梅沙",于是,梅沙一名就此流传下来。清朝康熙二十七年(1688 年)编纂的《新安县志》里就载有"大梅沙村""小梅沙村"。清同治五年(1866 年)由意大利巴色会神父绘制的新安县地图上,也有标明"大梅沙""小梅沙"的地名。

小梅沙东纵税站

盐田共有 10 座"海系"图书馆,为何选择观海图书馆打造为红色主题图书馆?可能与小梅沙近代史上抵抗外来侵略斗争的一段历史有关。

1941 年,小梅沙沙滩还是一片荒芜,当年就在沙滩上(现在度假村烧烤场附近)建立了税站,这是广东人民抗日游击队(东江纵队前身)为部队筹措抗战经费的最大的、最重要的税站,还承担着传送情报和转移人员的任务。

当初在此处设立税站,是因为这里环山面海,一来方便商贩进出,二来也有易守难攻的优势。如今这片山林滨海蓝绿交融之处,已成为人们度假、休闲娱乐、踏浪健身的好去处。

盐田海景步道

最宜凭海临风放飞遐思

穿过梧桐山隧道一路向东,奔赴山海之间,时间仿佛放缓了脚步。这里横卧着全长19.5千米、有"世界第一长海滨玉带"美誉的盐田海滨栈道,盐田海景步道便是盐田海滨栈道的西段。盐田海景步道兼具人文特色与滨海风情,在这里,你可以尽情感受山海港交融的浪漫生活。

🧭 行走指南

盐田海景步道从海景路出发,向东延伸至海鲜街盐梅路出入口,一路穿过城市与海岸,途经公园与海港,风景优美,适宜全年龄段徒步游玩。

因途经盐田港,盐田海景步道可分为两段,一段滨海,一段穿城。

📍 第1段 海景路—盐田港

步道的起点海景路,是一条舒适宽敞的人行道,步道两侧林荫密布,适合步行、跑步、骑行。你可以选择沿着海景路向东行走,也可以沿着台阶走到海边的栈道上,一览山、海、城景。步道途中可以遇见多个以海洋为主题的雕塑,阐述着滨海城区的海洋之心。

🔍 边走边看

灯塔图书馆

临海而立的白色灯塔,是盐田的网红图书馆灯塔图书馆。馆内有超大落地玻璃窗,临窗而坐,低头是书,抬头是海。图书馆门口的走廊设有镂空字"书籍是屹立在时间的汪洋大海中的灯塔"。天气好时,阳光透过文字投射在地面上,令人若有所思。

灯塔图书馆

步道分类

风物景观

步道路线

海景路—灯塔图书馆—海边街—海鲜街盐梅路出入口

路线长度 **8.2 千米**

徒步时间 **2 小时**

路线难度 ★☆☆☆☆

交通指引

海景路

周边公交站：太平洋住宅区站、海山路总站、田心小学站

周边地铁站：2 号线 / 8 号线海山站 A_1、B 口

海鲜街盐梅路出入口

周边公交站：海滨绿道站、盐田海鲜街路口③站、盐田海鲜街站

周边地铁站：2 号线 / 8 号线盐田港西站 A_1 口

盐田中央公园

盐田中央公园

灯塔图书馆临城的一侧,是盐田中央公园及壹海城商业中心。盐田中央公园内立着标志性的大章鱼,是孩子们的嬉闹地。每逢节假日,盐田中央公园的草地上布满帐篷,亲子露营就在山海间。

◉ 第 2 段 盐田港—盐田海鲜街

走到海景路的尽头,滨海的步道被盐田港所隔断,步道转入城中。沿着深盐路继续东行,沿途可以不时地看见货车往来,也可以看见盐田港繁忙作业,五颜六色的集装箱近在咫尺。从海边街向海前行,便抵达步道的终点盐田海鲜食街。

🔍 边走边看

盐田港

山海港城盐田,港口是城区重要的一部分。盐田港拥有全球最大的单体集装箱码头,货物吞吐量连续 20 年全球最高。这里承担着全市 1/2 的集装箱吞吐量,全省超 1/3 的外贸进出口量,全国对美贸易 1/4 货物量。在这里可以深刻地感受到深圳向海而兴、向海图强的愿景。

这里也是市民游客喜爱的拍照打卡地,远远望去,整齐堆放的集装箱,在海天一色的背景下,成为一幅色彩绚烂的画卷。当夜幕降临,盐田港灯光绚烂,去盐田高级中学南门附近的空翠台看看港口夜景,吹吹海风,好不惬意。

盐田港

盐田海鲜街

盐田海鲜街是深圳市八大食街之一，琳琅满目的海鲜美食让这里成为吃货的天堂。而盐田海鲜食街所在的片区，是盐田旧墟镇。古代许多渔民在此上岸卖鱼，海鲜街的兴起就与这段历史息息相关。

盐田海鲜街临海一侧，设有金色海岸码头，在这里还可以乘坐游船出海观光。

盐田海鲜街

周边游玩

盐田海景步道的西侧毗邻中英街。在中英街漫步，你可以品味"一街两制"的深港文化和百年沧桑。沿步道东行途中，可轻松抵达数个别具特色的公园：法治文化主题的深圳宪法公园、有"小巴塞罗那"美誉的海山公园、深圳第一个以国际友好为主题的烟墩山国际友好公园等。步道东侧与梅沙海滨步道相连，如果体力允许，你可以继续东行，去大、小梅沙一览深圳黄金海岸线美景。

步道故事

书香里的深圳

在盐田街角巷尾、山间海边,有十间以海洋文化为特色的海书房,灯塔图书馆就是其中之一。因书房融合运用了多重智慧技术,又被称为"智慧书房"。这十间海书房如珍珠般串联起滨海盐田,将阅读与文化带到居民身边。

盐田的十间特色书房是深圳作为"全球全民阅读典范城市""图书馆之城"的缩影,也是深圳高度重视文化建设的印证。

早在20世纪80年代,深圳兴建八大文化设施,其中就有深圳图书馆。1996年,深圳建成全国第一家以"书城"命名的新华书店——深圳书城。2000年,首届深圳读书月启动,自此深圳开始全民阅读推广的长期探索与实践。2003年,深圳提出实施"文化立市"战略,同年,深圳正式启动建设"图书馆之城"。2006年,深圳建成全国第一家24小时书吧。2012年,深圳又提出了建设"文化强市"的目标,颁布了《关于深入实施文化立市战略建设文化强市的决定》。2013年,深圳被联合国教科文组织授予"全球全民阅读典范城市"称号,这项荣誉是该组织授予全球城市在全民阅读领域的最高荣誉,深圳是迄今世界上唯一获得这项荣誉的城市。2016年,深圳出台《深圳经济特区全民阅读促进条例》,这是国内阅读推广领域第一部条例形式的城市法规。为了更好地满足深圳市民的精神文化需求,深圳实施"一区一书城、一街道一书吧"战略,各种特色书吧遍布在城市的大街小巷,白天黑夜,处处可见手捧书卷的深圳人。

如今,深圳拥有一大批高质量的公共阅读空间。截至2022年底,深圳共有公共图书馆(室)和各类自助图书馆1086个,形成了覆盖城市所有街区的公共图书馆网络体系。《2023年深圳"图书馆之城"阅读报告》和《深圳全民阅读发展报告2023》显示,2022年深圳居民人均阅读量约18本,远高于全国人均阅读量。深圳居民图书阅读的日均时长、使用电子阅读器进行阅读的日均时长均远高于全国平均水平。阅读,已经成为深圳人的日常生活方式。

第四程

南山

山海相遇 满城诗意

西丽湖，又名西沥水库，位于大沙河上游，阳台山脚下，是深圳山海城之间的一颗明珠。环西丽湖片区是科研高校云集的智库宝地；以"西丽湖"命名的国际科教城正孕育城市科技梦想。而环西丽湖修建的科学家步道则像一条精巧的项链，串联起周边公园、高校、科研机构等重要功能片区，也串联起西丽湖边的人与自然、繁华与野趣、过去和未来。

西丽湖科学家步道

在自然山水中追逐科学梦想

行走指南

西丽湖科学家步道以全长约 15 千米的环西丽湖绿道（碧道）为主体，途经沙河西路、西丽湖路、沁园路等市政道路；连接西丽湖国际科教城，清华大学深圳国际研究生院、北京大学深圳研究生院、哈尔滨工业大学（深圳）、中国科学院深圳先进技术研究院、南方科技大学、国家超级计算深圳中心、深圳大学西丽校区等一众高水平院校和科研机构在此云集，堪称深圳的生态福地、创新重地和人才高地。

步道分类 城市风采

步道路线 丽水路—深圳大学城—环西丽湖绿道（碧道）—鹏城实验室石壁龙园区—丽康路

路线长度 **17.8 千米**

徒步时间 **4.5 小时**

路线难度 ★★☆☆☆

交通指引

丽水路
周边公交站：北大园区站
周边地铁站：7 号线西丽湖站 A 口

丽康路
周边公交站：百旺信工业区站、白芒村②站

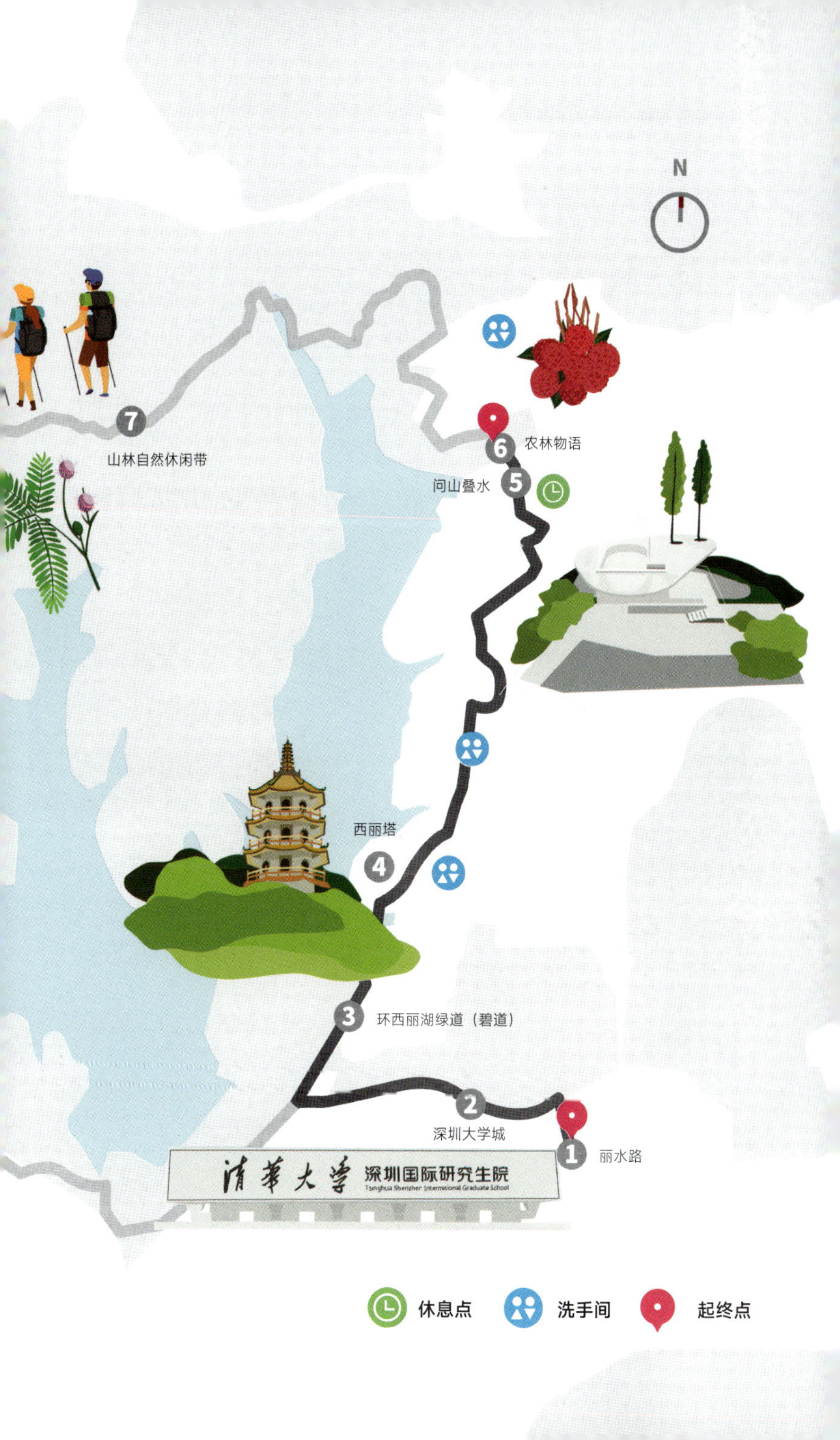

N
7
山林自然休闲带
6
农林物语
5
问山叠水
西丽塔
4
3
环西丽湖绿道（碧道）
2
深圳大学城
1
丽水路
清華大學 深圳国际研究生院
Tsinghua Shenzhen International Graduate School
休息点
洗手间
起终点

目前，西丽湖科学家步道已建成南接大沙河绿道，北至大磡科技园河道口，总长约3.7千米的示范段，剩余路段正在建设中。

该步道全部建成后，由核心体验路径、主题洄游路径和8千米郊野径组成，能同时满足徒步和骑行两种游览方式。其中沙河西路段、示范段利用原有市政道路延展，宽阔平缓，更宜休闲缓行；连接的郊野径段则沿林间土路蜿蜒，穿越难度提升，但体验感更加丰富。

将来，这条步道会在大沙河、西丽湖、国际科教城之间营造出一条交织山、水、城的清溪漫径，一路上由水到山，一步一景、处处如画。市民可以在此体验由都市到自然的渐进历程。

环西丽湖绿道（碧道）

🔍 边走边看

清华大学深圳国际研究生院和北京大学深圳研究生院

西丽湖科学家步道起始于丽水路，途经清华大学深圳国际研究生院和北京大学深圳研究生院。两所学府与哈尔滨工业大学（深圳）、南方科技大学、深圳大学西丽校区等院校和研究院所共同构成了深圳大学城。校园背靠塘朗山，西临西丽湖，大沙河从中蜿蜒而过，以慢行交通为主的城市碧道将各院区相互串联。各校共享的深圳大学城图书馆不仅供学生使用，同时也面向社会公众开放。游客市民可在山水环抱的环境中静心阅读。

清华大学深圳国际研究生院

叠院织廊

叠院织廊原是西丽水库排洪渠连接大沙河的末端水闸,在其作为水利工程的使命完成后,被改造成向市民开放的景观廊桥,原本封闭厚重的基础设施化为灵动通透的公共空间。环西丽湖碧道示范段自此开始。

长短亭

从叠院织廊出发,沿河而上,大约350米,便可到达长短亭。长短亭分为观雨亭(长亭)和听风轩(短亭),由钢柱托举起的十字交叉拱形屋架组成,像一簇簇从地面生长出的树干整齐排列,又像中国传统建筑中的垂花门,起到收束视野、引人入胜的效果。

西丽湖路

长短亭掩映在西丽湖路的浓密树荫中,这条林荫大道是西丽湖科学家步道东段的重要组成部分,也是沟通生态步道与域内顶尖高校、科研机构的重要通道。

西丽湖牌坊

从长短亭出发，沿着西丽湖路的林荫道继续向北，大概 1 千米便能到达西丽湖牌坊。牌坊端庄古朴，具有岭南特色，匾额正中"西丽湖"三个大字是 1983 年时任全国人大常委会副委员长廖承志所书。

夕阳平台

穿过西丽湖牌坊，城市道路的喧嚣突然沉静，碧道进入公园地段。向北行进约 200 米，柔软的草坪、茂密的树林、馥郁的花卉在道路两旁铺开，突然，神秘而美丽的西丽湖在碧道边推开了一扇窗，这便是夕阳平台。这是一处朝向水面、向西突出的游廊挑台，是碧道上极佳的观景处。

夕阳平台

西丽塔

西丽塔

西丽塔 1984 年建成，塔高 32 米，层高 7 层。塔座平台用花岗岩铺砌，四周采用中国古典建筑的八角飞檐琉璃瓦，飞檐上悬挂有小铜钟，铜钟随风摆动，发出清脆悦耳的声响。整座塔画栋雕梁，古色古香。

问山叠水

问山叠水

在示范段的尽头,是"问山叠水"驿站。房顶上层叠水高低错落,穹顶下为观景平台,可远眺西丽湖面。这处精巧的建筑小品,同时也是碧道上的重要服务中心,游人可在此歇脚。

三河写意

示范段结束后,碧道进入西丽湖北部的山林。沿途经过麻磡调蓄池片区,可见麻磡河、麻磡左支一、左支二三条河流交汇。周边荔林环绕,耕地开阔平坦,同时拥有山林、湖水、河流、耕地、草甸五种自然风貌,可以在此穿林游溪。

书卷丽川

走出白芒村,就来到碧道主环线。位于沙河西路西侧的一段被称为"书卷丽川"。该段将沿丽水河延展,并打造 2 千米长的滨水景观带。这里靠近石壁龙科教区,周围有包括鹏城实验室在内的大量科教设施正在开发建设。未来,更多高端人才、高端智造将汇集于此。

博物赏识

小白鹭

小白鹭体态纤瘦,呈乳白色;脸部裸露部分呈黄绿色,喙为黑色;胫与脚部呈黑色,趾为黄绿色。常栖息于稻田、沼泽、池塘间,海岸浅滩的红树林同样是它的家园。深圳的河道附近常能见到它隽秀的身姿。

小白鹭

暗绿绣眼鸟

暗绿绣眼鸟是深圳常见留鸟。它最明显的标志是眼睛周围有个"白眼圈"。上体绿色,颈侧和上胸鲜黄色,落在枝叶间很隐蔽。绣眼鸟常栖息于树林、灌丛和果园,以各类昆虫及植物的果实和种子等为食。

暗绿绣眼鸟

中国石龙子

中国石龙子是石龙子科石龙子属爬行动物,又名山龙子、四脚蛇。它周身被有覆瓦状排列的细鳞,鳞片薄而光滑;四肢发达,尾细长,末端尖锐。体背呈黄铜色,有金属光泽。常栖息于山间林地,喜欢在午后活动。

斐豹蛱蝶

斐豹蛱蝶是蛱蝶科豹蛱蝶属昆虫。雄蝶翅面为橙黄色,后翅外缘呈黑色有蓝白色纹路,翅面布满黑色斑点;雌蝶前翅端半部紫黑色,其中有 1 条白色斜带。

它个头不大,喜访花吸蜜,飞行高度不高,但姿态优雅,常栖息于公园绿地。

斐豹蛱蝶

荔枝树

荔枝是一种原生于中国南方的常绿乔木,花期在 3~4 月,果期在 5~8 月。南山荔枝非常有名,环西丽湖碧道郊野径段穿过荔枝林,不少荔枝树已有百年树龄。

荔枝林

含羞草

含羞草是豆科含羞草属草本植物,常生于旷野荒地和灌丛中。含羞草的羽状叶片为手指状,粉红色小花是它的花序。触碰它的叶子时,小叶迅速闭合下垂,人们便称之为含羞草、知羞草。

含羞草

🍵 周边游玩

离步道不远，有深圳野生动物园。这是中国第一家放养式野生动物园，园内环境幽雅，放养着300多种、近万头（只）野生动物，其中有不少属于世界珍禽名兽和我国一、二级保护动物。

与西丽湖碧道衔接的大沙河，是深圳西部连接山海的重要生态廊道。沿河有漫步、骑行道，可直通深圳湾。

⚑ 步道故事

西丽湖：前人的梦想 今人的远征

深圳人耳熟能详的"西丽湖"原是1960年3月建成的西沥水库，是南山、蛇口等地的重要供水水源。改革开放之初，深圳决定对有观光价值的水库进行旅游开发，阳台山下的这汪碧水因风光旖旎而被选中，成为深圳旅游业的起点。

1979年8月，深圳市旅游公司以补偿贸易的方式在西沥水库旁兴办度假营地，同年9月开门营业。初期，接待的大多数是香港游客，后因名声远播、效益良好而不断追加投资扩大规模，逐渐成为深圳旅游业的一张名片，曾被誉为"岭南八景"之一。

现在还留存在环湖步道上的牌坊、石塔就是那时兴建的。彼时的西丽湖和深圳一样，都肩负着先行先试的使命，都是勇毅的开拓者在一张白纸上写就的春天故事。

时代浪潮奔涌不歇，随着各色主题公园、旅游景区问世，西丽湖度假村渐渐"泯然于众"。1992年起，水库周边环境开始全面整治。

但西丽湖的故事还远远没有停止。2002年，深圳开始在西丽湖周边布局大学城，清华、北大、哈工大、南科大、深大等高校以及中科院深圳先进技术研究院、鹏城实验室等科研机构相继入驻，这里逐渐成为深圳创新智慧的重要源泉。2020年12月，科技部、教育部、广东省联合出台《深圳西丽湖国际科教城建设方案》，共建创新平台，并支持举办西丽湖论坛，打造国际化创新论坛品牌。自此，西丽湖国际科教城加速汇聚全球创新资源，体制机制改革和模式创新持续推进，入驻国家、省、市级创新载体超过500家，35名全职院士、超过2.4万名各类科教人员在这里激荡脑力。

一代人有一代人的远征。而今，作为科教城重要基础设施和生态保护廊道的环西丽湖绿道（碧道）正在串联起这里的山、水、城，串起白手起家的过去、勤勉攀登的现在与美好和谐的未来。

西丽湖牌坊

绿道风光

南山人才步道位于人才公园内,是一条都市风貌与滨海风光兼具的城市行走路线,在深圳市民中具有很高的人气。人才公园在深圳首个人才日——2017年11月1日正式开园,从规划创建之始就与深圳的人才文化密不可分。园中20多处以"人才"元素为主题的景观,将深圳求才、引才、为才的人才理念体现得淋漓尽致。行走公园,即可在风景变幻间阅览一部深圳人才史。

南山人才步道

与群英相遇 与滨海相拥

◁ 行走指南

　　人才公园位于南山区的后海片区,与深圳湾滨海休闲带相连,毗邻深圳湾超级总部基地,是一片人文可感、自然可憩的城市绿地。南山人才步道则是公园的主园路,环绕公园的内湖一周,总长2.5千米。

　　公园不仅可以休闲散步,还是众多跑步爱好者的集结地,园内湖蓝色的环湖跑道以及配备的自助淋浴房让运动变得舒适清爽。

步道分类　　城市风采

步道路线　　求贤阁—深爱人才馆—人才星光桥—潮汐广场—求贤阁(环线)

路线长度 **2.5 千米**　**徒步时间** **约 1 小时**　**路线难度** ★☆☆☆☆

交通指引

求贤阁
周边公交站:阿里中心站、后海滨路口站、华润深圳湾站
周边地铁站:2号线／8号线登良站C口

特别提示

1. 人才公园禁止单车和宠物入内。
2. 观鸟季时保持观鸟礼仪,请勿惊扰、投喂鸟类。

 休息点　 洗手间　 起终点

第1段 求贤阁—人才星光桥

看鹭鸟翩跹

南山人才步道与各类公共交通站点都保持着1千米左右的距离。若是不想在正式徒步前消耗太多体力,可以在抵达登良地铁站或华润深圳湾公交站后,租一辆共享单车骑行至公园的停车场入口。如果选择了自驾出行,可导航至求贤阁,或是将车停至周边的商场。

步道起终点位于人才公园内的求贤阁人才书吧,从停车场旁的小路走出来就能看到坐落在湖畔的建筑。书吧内配有咖啡吧,也提供充电、借书等服务,可将它视作运动中的休憩补给点,也可以直奔书吧而来,捧一卷书细读,透过玻璃窗户看湖光清浅,鹭鸟在天光云影间轻掠而过。

剩下的路程可绕湖漫步。在公园的任何一处地方停下脚步,都能发现关于人才的丰富内涵:公园的休息圆凳上雕刻着人才故事,人才功勋墙上三组雄浑有力的人物群体雕像讲述着深圳人才变迁史,百杰山上坐落着由市民选出的百位杰出人才的雕像。

行至无忧广场,斜坡草坪上用植物拼写的"深圳人才公园"字样,十分醒目。以字样为坐标,可以迅速找到公园内的观鸟点。斜坡对面的湖面上有三座人工岛,候鸟季时,大量的蒙古沙鸻、矶鹬、金斑鸻等鸻鹬类候鸟喜欢在沙砾浅滩上栖息。它们体形小巧,毛色容易与沙子融为一体,品种之间体貌相似,并不容易辨认。

人才公园

英才塔

Q 边走边看

英才塔

造型独特的英才塔,原名风帆塔,留存着公园最早的记忆。这里曾是后海最大的一片城市绿地,曾举办 F1 摩托赛艇世锦赛深圳站比赛。比赛合约结束后陷入沉寂,直至人才公园的建设与开园才再次进入人们的视野。

人才功勋墙

这里展示了 20 世纪 80 年代、90 年代以及 21 世纪初深圳的人才群像。他们朝气蓬勃、意气风发,在"春笋"华润大厦衬托下愈发显得熠熠生辉。

人才星光桥

◎ 第2段 人才星光桥—求贤阁

点亮人才的星光

走到人才星光桥时，就意味着行程已至中点。这是一条人才荟萃、群英闪耀的"星光大道"，桥上的每一条星光柱上都镶嵌着一位对深圳发展有贡献的杰出人才的肖像，他们用自己的知识和才能为深圳点亮了一片天空，深圳也为他们留下荣誉记忆。一到夜晚，星光柱亮起灯来，璀璨耀眼。人才星光桥还是观看人才公园灯光表演的最佳位置。阿里巴巴大厦、"春笋"华润大厦、深圳湾1号联动上演一场视听盛宴。在重要的节日，还有数百架无人机进行编队表演，闪耀夜空。

从桥上走下，不远处有另一处观鸟点，这里是白鹭、鸬鹚等鸟类喜欢停留的地方。鹭鸟优雅地立于树桩之上，背后的湖水泛起粼粼波光，远处是迭起的城市建筑，是都市中难得的自然与人类和谐共生的画面。

顺着环湖跑道而行，会遇见π桥、孔雀亭、"红蓝马甲"雕塑等多处以人才元素为主题的景观小品，处处都能感受到深圳对科学的尊崇以及对人才的渴望。对于运动爱好者来说，位于最美公式长廊旁的自助淋浴房很受欢迎，在一场酣畅淋漓的运动后，来这里淋浴，恢复一身清爽。使用方法便捷简单，使用者通过手机扫一扫二维码，注册后可有偿使用。

◯ 边走边看

π 桥

位于公园南侧,150 米的桥梁展示着圆周率小数点后 2017 位,寓意公园于 2017 年正式开园。

"红蓝马甲"雕塑

红马甲代表深圳志愿者,蓝马甲代表公务员志愿者。由红蓝双手比出的心形刚好可以将位于不远处的"春笋"华润大厦框入其中。

群英荟

群英荟是人才公园活动中心。位于一楼的深爱人才馆,可以预约进入。里面展示了众多深圳本土企业制造的高科技产品,如智能家居用品、智能机器人等。

π 桥

"红蓝马甲"雕塑

🌸 博物赏识

鸻鹬类候鸟与人才公园很有缘分。在公园的建设过程中,原本湖中的离岛计划种植红树植物,有一日人们惊奇地发现在还是施工场地的沙石滩上聚集着许多小型鸻鹬类候鸟,对于腿短的"糯米团子们"来说淤泥和植物丛都不适合它们歇脚。最终人们决定将沙石滩保留,为鸻鹬类候鸟留下一个美妙的栖居环境。

反嘴鹬

反嘴鹬是鸻鹬类候鸟中的优雅小精灵,拥有国宝大熊猫的同款黑白外衣。它们以弯曲上翘的喙而出名,觅食时会将自己独特的喙放至水中贴近泥层的地方,来回摆动,扫荡水中的小鱼小虾。它们摇头晃脑的样子,显得十分可爱。

反嘴鹬

蒙古沙鸻

蒙古沙鸻是人才公园的常客。它们每年从中亚和东北亚飞往东南亚和澳大利亚过冬,一往一返会在深圳中途休整两次。资深观鸟者常常会着重观察佩戴水鸟足旗(也称环志)的鸟儿,通过各地观察的记录可探查水鸟迁徙的规律。在人才公园,人们记录过佩戴 R4、Y8、T6 足旗的蒙古沙鸻。

蒙古沙鸻

☕ 周边游玩

与人才公园一路之隔的地方是深圳湾万象城,商场集中了众多高奢品牌,持续为市民游客提供高端时尚的购物体验。再往西走远一些是以海岸城为首的后海商圈,那里有经典的广式酒家、茶饮的场景体验店,还有许多值得挖掘探索的有趣小店。

步道故事

深爱人才 圳等你来

2017年深圳颁布了《深圳经济特区人才工作条例》，以立法的形式将每年的11月1日定为"深圳人才日"。在深圳首个人才日，人才公园正式开园，它既是市民游客乐享绿意的城市公共空间，也是人才文化的展示窗口、人才政策的宣传阵地。

如今的鹏城广聚天下英才，拥有高层次人才2.4万余人，留学归国人员超过20万人，各类人才总量超677万人。这些都离不开特区40多年来以敢为天下先的精神，持续地推出引才聚才用才的政策。

深圳经济特区建立之初，"人才家底"十分薄弱。在当时，全国依旧延续着计划经济时代"统包统配"的就业制度，许多人在一个单位一干就是一辈子。为了引进人才，深圳大胆冲破传统体制对人才的束缚，推出一系列开风气之先的举措：在全国率先打破"铁饭碗"，实行劳动合同制；率先改革劳动分配制度，实行结构工资制；率先采取公开招考、公开招聘方式，面向全国选拔干部、广揽人才。2001年，取消人事计划单列制度、人才引进考试制度、引进人才地区限制等，进一步拓宽企业用人空间。人才机制的创新使得无数人相信深圳是一片充满机遇的沃土。他们从五湖四海奔赴而来，开荒拓土、奋斗创业，缔造了人才"孔雀东南飞"的时代景象。

进入新时代后，高端人才需求愈发迫切。自1992年起深圳以政府名义赴海外招聘人才，鼓励海外留学人才归国创新创业。2011年出台的"孔雀计划"更是大手笔向海归人才递出橄榄枝，实现了归国留学生的井喷式增长。在一众"留字号"企业中，诞生了光启、迅雷、大疆等知名企业。

深圳还先后出台了《关于为外国籍高层次人才和投资者提供入境及居留便利的实施办法》《关于建立在深工作外国专家管理协助机制的规定》等政策。人才星光桥上的第一位人物便是诺贝尔奖得主——罗伯特格拉布斯，他与南方科技大学合作建立深圳格拉布斯研究院，主攻新医药、新材料、新能源领域的研究。

行走在人才公园中，深感"深爱人才，圳等你来"不是一句口号，而是深圳的态度、行动和刻入城市发展脉络的基因。

深圳湾步道位于深圳湾公园内,是一条充分展现深圳现代滨海城市风情的特色步道。从填海造陆形成的荒芜海岸线,到如今人流如织的公共滨海休闲带,深圳湾公园将理想的滨海生活带至人们触手可及的城市中心:在繁华的城市腹地便可听涛观海;沿着海岸线行走,一路有迷人的城市风光。最值得一见的,是秋冬季如约而至的 10 多万只候鸟,在眼前的海天之间自由翱翔。

深圳湾步道

海与城交织的自然奏鸣曲

行走指南

深圳湾步道全长 24 千米,呈狭长的带状。东起深圳湾公园北六十九门,西至南山区女娲广场,串联起欢乐海岸、深圳湾超级总部、后海中心区、深圳湾口岸、蛇口山、蛇口渔港和海上世界等七个滨海片区。

步道平坦宽敞,适合各类人群行走,既可以休闲漫步,也可以跑步骑行。深圳湾公园还在日出剧场和海风运动公园设置了帐篷区,市民游客可以在公共绿地露营野餐、休闲放松。

步道分类 风物景观

步道路线 深圳湾公园北六十九门—白鹭坡—北湾鹭港—流花山—弯月山谷—日出剧场—深圳湾滨海休闲带西段中心河桥—女娲广场

路线长度 **24 千米**

徒步时间 **6 小时**

路线难度 ★★☆☆☆

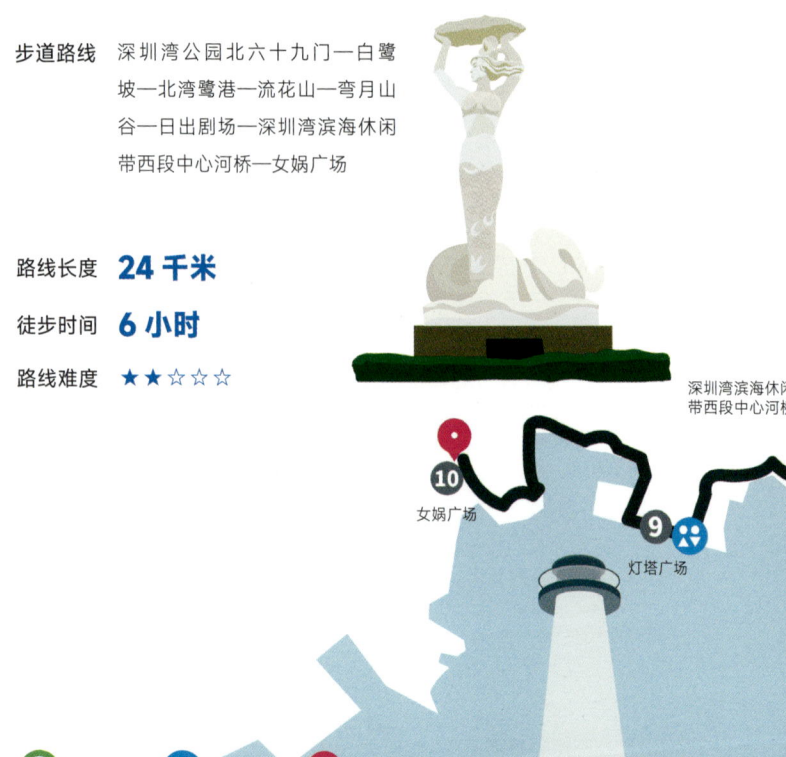

休息点　　洗手间　　起终点

交通指引

深圳湾公园北六十九门

周边公交站：红树林站

周边地铁站：9号线深圳湾公园 D_2 口

女娲广场

周边公交站：海上世界南站、新时代广场站

周边地铁站：2号线/12号线海上世界 A 口

第 1 段 深圳湾公园北六十九门—红树林生态公园—大沙河河口
红树与候鸟的滨城生活

这一段步道贯穿了红树林生态公园与深圳湾公园 A 区,与滨海大道部分路段平行。人们通常从地铁 9 号线深圳湾公园站 D₂ 出口抵达深圳湾畔,出站即可看见大海在眼前缓缓铺开。这里是步道景致最好的地段之一,临海远眺,对岸是香港朦胧的山色,东侧有红树林倚岸绵延,西侧耸立着南山一众地标建筑。

沿着步道向南山方向行走,可以在椰风海韵中品味双面深圳:一面车水马龙,是滚滚红尘的繁华都市;另一面山海辽阔,是蓝绿交织的生态图景。

深圳湾步道也是跑步爱好者的天堂。在北湾鹭港设有全国首条滨海 5G 智慧半马跑道,深受跑友们欢迎。

深圳湾公园

○ 边走边看

候鸟

深圳湾位于"东亚—澳大利西亚"候鸟迁徙路线上,是全球重要的候鸟越冬地和中转站,每年约有十万只候鸟在此过冬。一年中的10月至次年4月是深圳湾步道的黄金观鸟期,在海边可以看到种类繁多的候鸟。赤颈鸭、琵嘴鸭在水面悠哉游动,鸬鹚成群结队在海面上飞跃,黑脸琵鹭将扁长的嘴埋进海水里觅食……它们尽情享受着南国的温暖与深圳人的热情。

深圳湾步道上有几个热门观鸟点:红树林海滨生态公园边防岗亭附近、地铁9号线深圳湾公园站出口、大沙河入海口两侧等。周边的福田红树林自然保护区(须提前预约)与人才公园也聚集了众多候鸟。

深圳湾的候鸟

白鹭坡书吧

白鹭坡书吧位于白鹭坡上,是一座面朝大海的独栋书屋。书吧窗明几净,点缀有白鹭元素的装饰,三面落地窗将窗外的大海与落日送至眼前。书吧还有户外读书区,同时提供咖啡、果汁和甜品的售卖服务。就着海浪声和草木香翻阅书卷,令人心情舒朗。

第 2 段 北湾鹭港—海风运动公园

身后锦绣繁华 眼前海阔天空

深圳湾步道在大沙河入海口处拐了个直角,向南继续延伸。这一段步道包括了深圳湾公园 B 区和 C 区,从繁华的后海中心区旁穿过,与人才公园相接,可一览"春笋"华润大厦、阿里巴巴大厦等摩天楼组成的天际线。步道经过的大运会火炬塔纪念广场和一旁的"春茧"体育馆见证了第 26 届世界大学生夏季运动会开幕之夜的激情欢腾。

深圳湾步道沿途建有流花山公园、日出剧场、观桥公园、海风运动公园等主题公园,从不同的观景视角为市民游客提供多样的亲海休闲体验。

日出剧场

边走边看

流花山公园

流花山公园是深圳湾公园热门景点之一,被市民们爱称为"深圳版的莫奈花园"。宽广的弧形缓坡上长年轮种应季的花朵,形成一片片烂漫的花海。紫色的柳叶马鞭草、粉红的粉纸扇、紫红的秋英、玫红的醉蝶花都装点过深圳人的缤纷四季。

"春笋"华润大厦

在深圳湾步道的大部分路段上,都能看到这座造型独特的摩天大厦。中国华润大厦以392.5米的高度,荣膺深圳第三高楼。它如同春笋一般在深圳湾畔破土而出、拔节生长,与一路之隔的深圳湾体育中心"春茧"共同寓意"雨后春笋,破茧成蝶"。

日出剧场

深圳观赏日出的最佳地点之一。由山向海倾斜的弧形草坪犹如天然的剧场,人们席地而坐,观赏一场大自然上演的序幕:初日从海平线上跃然而起,将赤霞与橘光洒落于云层、海面和城市之上,都市繁忙的一天由此开始。日出剧场也是深圳湾音乐会和深圳湾极限运动嘉年华的举办地,不管是面朝大海聆听音乐的律动,还是迎面感受极限运动的惊险刺激,都是无与伦比的体验。

深圳湾大桥

深圳湾大桥于香港回归十周年之际建成通车。它如一条银色巨龙横跨在伶仃洋上,联结着深圳南山与香港元朗。每日大桥上车来车往,川流不息,连接起深港两地频繁的经济与文化交流。在观桥公园,可近距离观赏大桥雄浑壮丽的建筑之美。

深圳湾大桥

蛇口海上世界文化艺术中心

第3段 深圳湾滨海休闲带西段中心河桥—女娲广场

先锋城市的古老记忆

　　深圳湾滨海休闲带西段东起后海中心河河口，西至海上世界的延伸公园，全长6.6千米，是深圳湾步道中新建成的部分。它深入蛇口片区的腹地，可带领游人在观赏曼妙滨海风光的同时，回溯蛇口的渔港风情和改革开放的历史记忆，是深圳湾步道中独具在地人文特色的一段。

边走边看

渔人码头

　　如果你第一次走到深圳湾滨海休闲带西段，会惊讶地看见：在高楼环绕的现代休闲海岸，竟然还有老旧的渔船停泊。老蛇口人还清晰地记得，这里曾是渔人码头，被称为"都市中最后一个渔港"，于2018年被正式拆除。码头虽不再，但出海打捞的

渔人码头

传统依旧保留着，一到开渔期渔民们会起航出港，将新鲜生猛的渔获送至食客的餐桌。在海昌街和蛇口老街一带还藏着修缮渔船的小店。

防波堤公园

防波堤公园的灯塔是深圳湾海岸线上一处浪漫的拍照打卡点。背景是对岸香港连绵的山脉和波光粼粼的大海，纯白的灯塔在蓬松柔软的白云下，显得尤为文艺清新。

女娲补天雕像

女娲补天雕像坐落在海上世界南侧，是深圳湾步道的起终点。她落成于蛇口工业区创立十周年之际，双手托举着补天之石，象征着蛇口人"敢为天下先"的雄心壮志。由于蛇口海域的填海造陆，雕像被从海中间"移动"至繁花似锦的公园中，见证了蛇口的沧桑巨变。

海上世界文化艺术中心

海上世界文化艺术中心由日本著名建筑师槇文彦设计，甫一出世就被《孤独星球》评为2017年度全球"十大值得期待新开目的地"。纯白的盒状建筑被置于山、海、城之间，充满艺术氛围。中心不定期引进与艺术设计相关的前沿展览与小众有趣的市集，三楼设有免费的常设展"改革先锋——袁庚生平展"。周末时中心前的草坪台阶总坐满了人，这里山海宁静、气氛松弛，适合三两好友漫谈天地，享受时光。

海上世界文化艺术中心袁庚像

博物赏识

红嘴鸥

红嘴鸥是深圳湾畔常见的候鸟之一,喜集群而飞,以鱼虾和昆虫为食。它们是鸟中的顽皮小子,常常从其他鸟类口中夺食,甚至到游人手中啄食零食。不过,最好不要向红嘴鸥投喂食物,这将改变它们的自然习性。

红嘴鸥

苍鹭

苍鹭是一种大型涉禽,体长约 84 到 102 厘米,在深圳湾常常被观察到的鸟类中实属大个头。它是极有耐心的捕猎者,可以在浅水中长时间等待猎物,并看准时机对其进行闪电突击,所以也被人们称为"长脖老等"。小型鱼类、虾、蛙、昆虫等动物性食物是苍鹭眼中的佳肴。

苍鹭

普通鸬鹚

在深圳湾候鸟中，黑压压的鸬鹚大军"压阵而过"是最令鸟友激动的景象之一。它们组成一字形或人字形的巨阵，在海面上飞掠、捕食。普通鸬鹚吞咽能力很强，脖子富有弹性，可以一口气吞下大量食物。

普通鸬鹚

琵嘴鸭

琵嘴鸭是深圳湾常见候鸟，因其嘴的前半段呈宽扁的铲形，状如琵琶而得名。其羽毛艳丽，有金属般光泽，尤其是雄鸟，头颈部墨绿色，背腰暗褐色，蹼足鲜橘色，看起来非常华丽。琵嘴鸭广泛分布于北半球，栖息于开阔的湖泊、水塘、沼泽等湿地，每年9、10月飞临深圳湾越冬，3、4月返回北方繁殖地。

琵嘴鸭

🍵 周边游玩

深圳湾步道路线长，沿线聚集了许多公园绿地、地标建筑和商业中心。深圳湾公园A区旁有欢乐海岸，有各种特色商铺和美食；走至A区西侧尽头，便可从小沙山溯流而上，行走大沙河生态长廊。

深圳湾公园B区与"春笋"华润大厦、人才公园和深圳湾万象城相邻。深圳湾公园C区附近有深圳湾口岸，可通关前去香港。

深圳湾滨海休闲带西段深入蛇口，可在海上世界广场观赏明华轮的音乐灯光水秀，品尝世界美食和美酒，感受异国风情。想寻找蛇口的平价小吃和街头烟火气，就去蛇口老街一带探索，那儿有渔民打捞的新鲜海鲜和牛杂、糖水、肠粉、烧腊等老广人的最爱。想去澳门游玩，还可从蛇口港搭乘轮船抵达，看大三巴，逛威尼斯人。

步道故事

深圳湾与滨海大道

20世纪90年代，飞速发展的深圳经济特区选择了填海造陆以扩充城市发展空间。那时城市扩张的边界已经推进至深圳湾畔，新规划的滨海大道将穿过深圳湾的红树林自然保护区。本就因人类活动而变得脆弱的红树林，更是岌岌可危。

在专家和社会大众的呼吁下，深圳市政府最终不惜多花一亿元成本将滨海大道北移200米，为红树林以及以此作为栖息地的海洋鸟类留下一片宝贵的湿地。1999年滨海大道正式通车，同年红树湾海滨生态公园开始在原本计划修建滨海大道的用地上进行改造绿化，并于2000年正式对外开放。这也是深圳湾公园中第一个建成的区域。

深圳湾公园与滨海大道

大沙河生态长廊

漫步在深圳的『塞纳河』畔

　　大沙河发源于阳台山，素有深圳"塞纳河"之称。整个河道纵贯南山区，下游汇入深圳湾。大沙河生态长廊连通深圳湾滨海休闲带、深圳人才公园，是深圳最美景观河、最大滨水慢行系统。大沙河生态长廊分为学院之道、城市森林和活力水岸三段，花海之间，碧波之上，大沙河处处充满着对现代生活的致意和温情，让人们在城市中央就能体会到与自然亲密交融的乐趣。

行走指南

行走大沙河生态长廊,春秋季为最佳出行时间,全线设置有单独的自行车道、人行步道,可以沿着河畔绿意葱茏的步道慢走、跑步或骑行。

由上游段起步,沿着河道左岸徐徐行走,可欣赏两岸的高校风光,河畔有不少咖啡馆可以休息。行至中游段,这里遍布公园与居民区,拥有山地森林、水岸森林和湿地森林等景观。夜幕降临前,刚好走到生态长廊的下游段,这里聚集了许多热爱水上运动的人士,亲水近水、与水相融成为下游段的景致。

第1段 长岭陂水库泄洪口—丽山路段

在大沙河的上游段,深圳大学丽湖校区、南方科技大学、哈尔滨工业大学(深圳)以及北京大学深圳研究生院坐落其间。行走于此,不仅可以感受到浓郁的书卷氛围,沿岸还有科技图书馆、室外剧场、湿地花园等设施,人文气息与自然风光完美融合。大沙河生态长廊沿途设有卫生间(含母婴室及第三卫生间)、游客服务中心、茶室、水吧等,配套设施完善,还包括直饮水、遮阴架、休闲座椅、Wi-Fi以及显示天气信息的智能电子显示屏,可以对天气情况以及突发的暴雨泄洪等情况及时予以通报,确保游人的安全。

大沙河生态长廊大学城段

[大沙河生态长廊] 165

路线长度 **27.4 千米**（往返）

徒步时间 **8 小时**

路线难度 ★★☆☆☆

步道分类 城市风采

步道路线

长岭陂水库泄洪口—大沙河生态长廊—深圳湾入海口

交通指引

长岭陂水库泄洪口
周边公交站：长岭陂地铁站站
周边地铁站：5 号线长岭陂站 D 口

深圳湾入海口
周边公交站：深圳湾体育中心站
周边地铁站：2 号线／11 号线后海站 H 口

深圳大学城

○ 边走边看

深圳大学城

大沙河畔高校云集，深圳大学丽湖校区、南方科技大学、哈尔滨工业大学（深圳）、北京大学深圳研究生院、清华大学深圳国际研究生院等分布其间。在这里，我们可以感受到浓浓的校园人文气息。现阶段，深圳大学城须登记进入，可关注"深圳大学城管理服务中心"微信公众号进行登记。

◎ 第2段 丽山路段—深南大道

漫步行至大沙河的中游段，这里的景观美不胜收，有九祥岭湿地公园、塘朗山、大沙河公园等景点，还设置了湿地森林、水岸森林生态元素。山景、河景与水景盈盈相间，草色青青，花香阵阵，是花草树木生长最美的一段。在冬天，则有机会与过冬的候鸟来一场惊喜邂逅。

◎ 第3段 深南大道—大沙河深圳湾入海口

傍晚，来到大沙河的下游段——活力水岸，这里与深圳湾公园无缝衔接，是人与自然和谐共生的都市型河流生态。其河面近50米宽，水深达2.5米，可以进行赛艇、赛龙舟等水上活动。每年端午节期间，大沙河的岸边总是站满了呐喊加油之人，节日的氛围因此更加浓厚。河岸两边，大小看台、景观廊架、赛艇中心一应俱全，走累了还可以到书吧和河畔咖啡厅小憩。夜幕降临后，大沙河迷人的另一面又将徐徐展开。

大沙河下游

边走边看

赛艇中心

大沙河经过综合整治后,其水质得到了大大提升。深圳首个赛艇中心也随之在此成立。此后,赛艇运动在大沙河多次开展,亲水运动在这里十分常见。近年来,越来越多水上运动项目被列入奥运会竞赛名单,逐渐走进大众视野。大沙河的存在,给市民不出城就能参加水上运动提供了可能。

赛艇中心

悠时光环保书吧

悠时光环保书吧位于大沙河入海口处,书吧内设精读区、轻食区、活动区和户外阅读区等,在精读区域,设立有绿色环保、智慧城市、儿童心理、艺术设计等书籍专栏。书吧不定期举办以"文化""环保"为主题的相关活动,包括读书会、摄影分享、美学讲座和环保科普课堂等。

悠时光环保书吧

博物赏识

蓝花楹

仲夏时节,在长廊近水岸区,长满了一种开着蓝紫色小花的树木,这就是网红行道树蓝花楹。蓝花楹是紫葳科蓝花楹属落叶乔木,原产南美洲,叶对生,花蓝色,花期5~6月。每逢花季,一片蓝紫色繁花,如梦如幻,非常浪漫。

蓝花楹

中国无忧花

中国无忧花，是豆科无忧花属常绿乔木，株形美丽，花色艳丽，盛花时节满树金黄，灿烂夺目。其羽状复叶有小叶5~6对，嫩叶略带紫红色，如花穗成串，微风摇曳，婀娜可爱。

狼尾草

狼尾草为禾本科一年或多年生草本植物。该种小穗单生，偶有2~3枚簇生。须根较粗壮。秆直立，丛生，高达30~120厘米，素有"尾巴上的羽毛"之称。植株整体纤细修长，迷人的穗状花序形似羽毛。夏秋之际，风轻轻吹过来，一丛丛的狼尾草随风起舞，煞是好看，是大沙河网红打卡风景点之一。

白鹡鸰

白鹡鸰，又名"张飞鸟"。深圳能看到四种鹡鸰，白鹡鸰、灰鹡鸰、黄鹡鸰和山鹡鸰。几乎每个公园里都能见到白鹡鸰，它们喜欢在铺装路边上踱步。鹡鸰科的白鹡鸰仿佛精力无穷，永远都在忙碌中，往往在草地上一溜小跑，埋头啄几下便高高举起一条小虫。

中国无忧花

狼尾草

白鹡鸰

周边游玩

大沙河的周边,不仅高校聚集,还有南山云谷创新产业园、留仙洞总部基地等创新载体,同时也有万象天地、益田·假日里、欧洲城等商业中心。此外,高北十六创意园也是年轻人喜爱的打卡之地。

步道故事

一条河的嬗变 一座城的成长

城市,因水而建,逐水而兴。水与人类生活息息相关,是人类的生命之源。城市的发展与自然的保护可以并行不悖,甚至可以相映成趣。大沙河的治理,正是城市发展与自然保护完美结合的真实写照。

早期的大沙河,河水清澈,鱼跃鸢飞,水清岸绿,两岸居民浣衣戏水,亲水而行。但随着城市发展,污染负荷、泥沙淤堵,大沙河开始呈现出"脏、臭、黑"的状况,让人避而远之。

从20世纪90年代开始,南山区启动治水工程,从最初的防洪达标治理到消除河道黑臭、实现水清岸绿,再到雨污分流改造、景观提升,20多年来不断"迭代升级"。特别是2019年10月1日,大沙河生态长廊全线贯通,以新形象回应了城市对河流的态度。这种创新的打造,是深圳探索实现治水提质先行示范所递交的答案,也是中国治水融城的一个典范。

只有长治才能久清,只有可持续发展才能守好绿水青山与金山银山。城市河流经过综合整治及滨水空间服务设施的配置,得以重新流入人们的生活当中,重回到人与自然亲密交融的友好空间。

疏影横斜水清浅,如今的大沙河畔,莺飞草长,落英缤纷,路上行人络绎不绝。一条河的美丽嬗变,是一群人的坚守,也是一座城市的成长。

南头古城步道

打开深圳城市记忆之门

　　南头古城位于南山中心区,是深圳最让人有探索欲望的城市街区之一。它既保留着鹏城千年的历史文脉,又在改造更新后产生着当代的潮流文化,还有市井生活的鲜活模样和层出不穷的公共文化创意活动。南头古城步道是城中400米长、400米宽的南北十字街道,新旧共生、古今辉映,是一条具有历史文化特色的成熟步道。

行走指南

南头古城步道全长1.1千米,起于南头古城南1门,经南头古城博物馆,止于中山公园,串联起城内的文物古迹、文博展览、文创新店、特色美食店和设计师民宿等。

人们通常选择从南城门进入南头古城,因为南城门是四个城门中历史遗存保留得最好的一个,并且交通通达性好,公交和地铁都设有站点。穿过南城门,青砖灰瓦的岭南古城在眼前焕新铺开:青石板铺就的长巷干净熙攘,商业店铺与文物古迹错落穿插,古建筑上的"脊饰"栩栩如生。这里很适合漫步探索,人们可以在热闹的主街上逛街看展,可以钻进内街里巷,找寻城中村独有的烟火气,也可以在僻静的角落享受微醺一刻。多元的文化业态和多样的文艺体验都值得选择。

边走边看

文物古迹和历史主题展览

关帝庙

南头古城拥有丰富的微型展览馆群和历史文化聚落。它们往往由旧址修复活化而来,既保留了老建筑的结构,又嵌入了南头丰厚的历史民俗文化,小而精巧,并免费向公众开放。南城门是南头古城的主入口,始建于明洪武二十七年(1394年),城楼匾额上的"岭南重镇"四字昭示着古城重要的历史地位。纪念文天祥的信国公文氏祠、东莞会馆、新安县衙、南头出土文物系列展、牌匾故事展、看图说话——历史地图中的深圳等常设展馆,穿插在十字街

[南头古城步道] 173

步道分类

历史文化

步道路线

南头古城南1门—南头古城博物馆—
南头古城—中山南街—中山公园

路线长度　**1.1 千米**

徒步时间　**1 小时**

路线难度　★☆☆☆☆

交通指引

南头古城南1门

周边公交站：南头②站、南山古城站

周边地铁站：12号线南头古城站D口

中山公园

周边公交站：中山公园东门站

周边地铁站：12号线中山公园站C口

道的沿街商铺间，以不同的视角讲述着古城的历史故事。南头1820数字展厅位于中山南街，运用时下新兴的三维技术还原了200年前南头一带的街头胜景，带领游客沉浸式地感受当时的风土人情。40多座修建于清代和民国年间的民居是天然的建筑博物馆，人们可从楼中的灰砖、老木门、花格窗中一窥百年前岭南广府的建筑风格。

特色店铺

南头古城浓郁的文化氛围吸引了设计师和潮流主理人的进驻,他们创办的新兴品牌、小众买手店承包了弄潮儿们的周末。超级黑胶工厂位于 if 工厂一楼,充满工业风格的空间里摆上了上万张黑胶唱片和各式唱片机,是音乐发烧友的胜地。周杰伦的音乐专区带人穿梭至青涩懵懂的青春时代。还有香水店、中古原创设计集合店、科技家居店、生活方式品牌店都等待着为人们打开新奇世界的大门。

超级黑胶工厂

休闲美食

一个美食饕客不会让自己错过南头古城,这里的休闲美食店多得让人眼花缭乱,连选择哪家店就餐也成了一种甜蜜的烦恼。襟江酒家、麦奀记忠、天后站清汤腩将正宗地道的港味带到了古城,水滚茶靓点心正的早茶、鲜美清甜的云吞竹升面、爽口多汁的牛腩,让人欲罢不能。九街糖水、邓家传文糕点店、彬妈糖水都是老广人日常钟爱的小吃甜品店。特别是九街糖水,作为古城原生的老字号,1995 年开业至今深受街坊喜爱,以芋头糖水为首的几十款经典糖水,每一口都是清爽的夏天味道。一些网红特色美食店铺不仅讲究格调、装潢精美,而且原创的新奇菜式也让人大饱口福,例如融合菜餐厅、洞穴式风格餐酒馆等。主街背巷里还藏有不少的宝藏咖啡店,各类特调咖啡总能带来新鲜的味蕾刺激。

休闲美食店铺

公共文化活动

2017年第七届深港城市\建筑双城双年展选址南头古城举行，两年后古城正式开启了"蝶变重生"计划。新生的古城天生带有都市实践、多元探索的基因。广场、口袋公园、天台等任何一个意想不到的场景都可能变为活动的舞台，转角就能遇见惊喜。精彩纷呈的深圳湾艺穗节和九街戏剧周、探讨空间实验的"春景梧桐—城村拼图"展览、讨论理想社区的夜话论坛，以及日常的周末城市集市和节庆文化季，多元差异化的活动满足了不同人群的文化需求，不管是追求个性的艺术家、创意人、学者，

南头古城南山周末音乐会

还是热爱生活的普通人都能找到兴趣所在。如果想参与相关活动，可通过关注南头古城的公众号，及时留意活动讯息。

中山公园

沿着南头古城的主街道向北走，穿过古城的北门就可以来到中山公园。它是深圳历史上第一座公园，1925年孙中山先生病逝于北京，为了纪念这位民主革命的先驱各地纷纷修建以"中山"命名的公园，深圳中山公园便在这股建设公园的浪潮中诞生。现在的中山公园是一座综合性公众休闲公园，园中有巨型孙中山石雕、解放内伶仃岛纪念碑和"南山时代精神"纪念墙等景点，承载着从民国至今的红色历史文化记忆。

☕ 周边游玩

南头古城地铁站的南边是南山博物馆，因常常引进高质量的展览并且往往向公众免费开放，频频火爆出圈，预约一票难求。

从南山博物馆出来，沿着南头街向东走几百米便是荔香公园和深圳大学粤海校区。深圳大学在经济特区建立3年后诞生，陪伴着深圳一路成长。校园内既有建校初期保留下来的老建筑，自带庄重严谨的气质，也有富有现代和艺术感的新大楼，具有几何线条感的致艺楼和致理楼是众多学子们拍毕业照的打卡点。如果想进入校园参观，须提前在"深圳大学信息中心"公众号预约，并在参观时注意勿打扰在校师生的学习和生活。

步道故事

南头古城：千年古城的转身

南头古城，作为深圳城市的原点，历经了近1700年的历史风云变幻，见证了城市中心的"迁移与回归"。

东晋咸和六年（331年）宝安县建立，管辖今天的深圳、香港、东莞、番禺、中山、珠海、澳门等地区。南头古城作为宝安县的首府，是历代岭南沿海地区的政治、军事、经济和文化中心，所以古城又被称为"深港历史文化之根"。古城内现设有同源馆，分别从"山海同貌""经济同体""文化同心""行政同属"四个视角，具体解读珠江口区域的"同源"意义。

同源馆

南头古城的命运随着历史的浪潮而飘摇起伏。清朝年间，鸦片战争和第二次鸦片战争的战败导致了《南京条约》和《北京条约》的签订，香港岛、九龙半岛及新界从新安县（明万历年间更名新安）割让出去。抗日战争时期，日军侵占深圳，重兵把守南头，古城因大量碉堡等军事设施的修建，城体结构被严重损坏。

1949年深圳解放后，第一届中共宝安县委、县政府进驻南头古城，1953年中共宝安县委将县政府迁往深圳墟附近的蔡屋围，此后古城一度陷入落寞，人口也因城市中心的转移而减少。1980年，深圳开始了轰轰烈烈的特区建设。数百万人怀着淘金梦穿过二线关来到了特区打拼，人口的激增催生了住房和租赁的需求，大量廉价的农民房被兴建。南头古城经过了数次抢建潮后，逐渐演变为城中村，成为众多"深漂"的落脚地，古城的风貌发生了巨大的变化。

2017年深港城市\建筑双城双年展活动以"城市共生"为主题，试图探讨现代城市化进程中城中村与城市的关系，并将活动展场南头古城推向了大众视野。超过25个国家的200多位参展人通过自己的设计建筑作品，用当代艺术介入了古城的更新。这是一个不可多得的转变契机，2019年南头古城正式开启了更新活化计划。

现在的南头古城是深圳的知名网红打卡地，每到节假日，街巷里人头攒动，生机勃勃。每一个来到古城的人都忍不住慢下步子来，自由轻松地消磨时光。

第五程

宝安

天上红霞 地上烟火

三十年间,宝安中心区从一片滩涂蝶变为国际滨海新城。宝安滨海廊桥则是游览宝安中心区的慢行步道,沿途"湾区之声"深圳滨海演艺中心、图书馆、体育场等地标建筑和文化场馆星罗棋布,南部滨海的风光通透疏朗,还有"湾区之光"摩天轮点亮梦幻夜色。行走宝安滨海廊桥,是一段关于理想湾区生活的漫享之旅,这里城市与大海相融、人文与自然共生,散发着海湾大都会的魅力。

宝安滨海廊桥

穿城望海 漫步云端与湾畔

行走指南

宝安滨海廊桥从宝安地铁站出发，穿越宝安中心区，直达欢乐港湾，再向东延伸至西部海岸活力带宝安示范段，连接前海，是一条可穿城达海、赏湾区风貌、休闲游憩的滨海步道。

路线流畅连贯、长度适中，步道宽阔平坦，全年龄段皆可行走。沿线商圈休闲文化娱乐项目众多，丰俭由人。

步道分类 城市风采

步道路线

裕安一路—宝安滨海廊桥—欢乐港湾—宝安滨海文化公园西区（天幕广场）—摩天轮—新圳河—西部海岸活力带宝安示范段

路线长度 4.2千米 **徒步时间** 2小时 **路线难度** ★☆☆☆☆

交通指引

裕安一路

周边公交站：宝安地铁站南站、西岸花园站

周边地铁站：11号线宝安站D口

西部海岸活力带宝安示范段

周边公交站：前海湾地铁站站

周边地铁站：1号线/5号线/11号线前海湾站E/F口

第 1 段 裕安一路—宝安滨海廊桥

从城至海的艺术漫游

宝安中心区宛如一座露天的"现代建筑博物馆",坐落其中的摩天大楼高低错落、鳞次栉比,公共文化设施设计精妙、创意十足。不管是从密集度还是丰富度来说,这里的建筑都让人目不暇接。宝安滨海廊桥则犹如一条纵览城市建筑的游径,蜿蜒于城市半空,轻盈地将文化场馆和商业楼宇连接在一起。游人登上廊桥,可漫享现代滨海城区的风貌,也可便捷步行到达周围的城市节点,无须像行走在地面一般等待红绿灯、左顾右盼注意车流,这对于城市漫游者来说是流畅且舒适的步行体验。

来源于纽约高线公园的灵感,宝安滨海廊桥被打造成全国首个地下、地面、地上三层立体的城市绿廊。从宝安地铁站的出口走出,即可到达廊桥的起点——宝安体育场入口大台阶。

一座名为"交互时空"的巨大蓝色网状装置被置于大台阶上,预示着这场向海的短途漫步充满着公共艺术的想象力。廊桥各处共陈设了12座这样的艺术作品,它们源于"明日图景——行进中的维度"公共艺术计划。12位海内外艺术家与建筑师基于对在地文化的思考和宝安未来图景的勾勒,将城市的美学嵌入步道的体验中。

行走在廊桥上,视野开阔疏朗,可看桥下车水马龙,桥上楼宇层出不穷,还不时遇见别致有趣的艺术装置。更妙的是廊

滨海廊桥

桥还如同一个缤纷都市生活的中转站,向北可以去宝安体育馆酣畅释放运动的热量,向东可以去宝安图书馆沉浸在悠悠书香中,向南可以去"湾区之声"演艺中心欣赏高雅艺术或去欢乐港湾看滨海落日。

边走边看

宝安体育场

一场重大的体育盛会给一座城市留下激情澎湃的集体记忆，也保留了众多体育场馆和设施供市民日后使用。位于滨海廊道起点附近的宝安体育场，就是2011年世界大学生运动会的足球比赛场地，如今已成为周边居民运动健身的场所，不时有大型演唱会在此精彩上演。场馆造型的设计灵感源于竹林，环绕大厅的钢柱错落穿插，犹如修长翠绿的竹枝，屋盖的白色膜结构则像游动的浮云。"翠竹"和"祥云"的组合为宝安中心区带来了一缕清透轻盈的建筑气质。

宝安体育场

宝安图书馆

宝安图书馆是深圳知名的网红图书馆，其灵气十足的建筑造型在现代建筑密集的宝安中心区也让人感到耳目一新。深圳人乐于称它为"水上"图书馆，因为图书馆侧面有270度无边水池，远远望去宛在水中央。图书馆的金属外立面经过建筑师巧妙的设计，在视觉上也拥有了动感，像是起伏的轻波细浪，也有人说像是风吹拂时书页翻卷的瞬间。

宝安图书馆

欢乐港湾的滨海地带

第2段 欢乐港湾—西部海岸活力带宝安示范段

梦幻的滨海慢行

沿着滨海廊桥的主路线行走1.5千米左右,即可到达欢乐港湾。它既是一座浪漫优雅的滨海公园,也是一个业态多元丰富的商圈,还拥有两座冠以"湾区"之名的地标建筑——"湾区之光"摩天轮与"湾区之声"深圳滨海演艺中心,人文艺术气息十分浓郁。

在其中穿行,有移步易景的行走体验,小溪蜿蜒、梯田错落、钢结构艺术装置奇特有趣,更不必说辽阔的海湾风景、连绵的城市天际线与巨大的摩天轮。旁边商圈里时下新潮的茶饮品牌和来自世界各地的美食,让人眼花缭乱,可坐在店铺外边喝饮料边赏风景。

浪漫的滨海漫行不止步于此处。西部海岸活力带宝安示范段是一条滨海健步道,从"湾区之声"摩天轮往东南延伸,跨过新圳河,与前海演艺公园相接,将亲水近海的休闲体验延续至前海。

Q 边走边看

"湾区之光"摩天轮

"湾区之光",是深圳海岸线上一个亮眼的新地标。它采用世界首创的鱼鳍状异形大立架,拥有28个进口轿厢,每个可容纳25人。巨型摩天轮可以将游客送上128米的高空俯瞰城市,用30分钟一览前海、大铲湾和整个西部海岸线的滨海风光。

深圳滨海演艺中心

"湾区之声"深圳滨海演艺中心

"湾区之声"深圳滨海演艺中心依海而建,又被称为"海上歌剧院"。这座由严迅奇大师操刀的建筑,以鲲为灵感,以"水流蚀石"为造型,有着与宝安图书馆、青少年宫一脉相承的流动形态。建筑线条灵动并富有韵律,仿佛随时会随海风而动,又仿佛应和着馆前潮汐的起落。馆内的 1500 座歌剧厅与近 600 座的功能剧场全季候上演着精彩的歌剧、戏剧、古典乐等高品质文化艺术活动,为在大湾区生活的人们奉上永不落幕的文化盛宴。

钟书阁

钟书阁被誉为中国最美书店,其特点是会根据在地文化的特色打造书店的空间。独树一帜的设计风格与一城一店的落地计划,让钟书阁每到一座城市就受到青睐。在深圳,钟书阁位于欢乐港湾东岸商业街一楼。店内最吸睛的是巨大的红色螺旋书架,纵深贯穿整个空间,像是通往未来的时空隧道。在设计师的阐述中,这象征着深圳历史之阶梯,是向城市的历史创作者致敬。

钟书阁

博物赏识

金鸡菊

金鸡菊,原产于北美洲,现在广泛种植于国内的公园中,滨海廊桥的 H 区也有培育。每年夏季是金鸡菊的花期,花朵将灿烂的金黄色带至摩天楼宇间,为现代的城市街区增添一抹热情与生机。

金鸡菊

红花玉蕊

红花玉蕊,常有"月下红美人"之称。粉红、深红的花序垂落而下,犹如挂在枝间的喜庆红鞭炮。红花玉蕊在夜晚时分悄然绽放,幽幽的清香吸引夜间的昆虫前来为花树传粉,早晨,则落英满地一片殷红。

南洋楹

滨海廊桥中 A 地块中的一段桥梁,从宝安区政府的绿化隔离带中穿过。人走在桥上,仿佛从城中森林穿越,可近距离与树木接触。两侧的树木中种植着南洋楹,它树形高大,树冠优美,生长迅速,也常常被用作行道树。五月初夏是南洋楹的花期,淡黄的小花点缀在葱郁的绿叶间,散发出淡淡幽香。

🍵 周边游玩

位于欢乐港湾东岸商业区负一层的 NuBond LiveHouse，是深圳新晋的流量音乐场馆。不少国内知名的乐队在此举办过巡演，许多音乐发烧友闻讯而来，随着摇滚乐旋律摇摆，与深圳的夜晚一同躁动。他们呼唤乐队"安可"时，往往喊的是"加班"。千万不要感到惊讶，这是深圳独特的音乐文化。

不负宝安区人口大区之名，宝安拥有深圳单体体量最大的购物中心——壹方城。它坐落在宝安区政府附近，是宝安居民最爱逛的商场之一。如果在欢乐港湾逛不过瘾，可以继续来壹方城购物。不管是平价的宝藏店铺还是高端品牌都在这里有一席之地。

壹方城

🏛 步道故事

从岭南古邑到湾区都会

"得宝而安，是谓宝安。"宝安是深圳最古老的地名，也是深圳的前身。宝安建制与版图的变化反映了深圳历史的沿革，是一部城市千年风云变幻的发展史。

深圳作为一座城市出现在中国的地图上，可以追溯至距今近1700年前。东晋咸和六年（331年），宝安置县，辖境包括今深圳大部、东莞、中山（部分）、珠海和香港、澳门地区。自此，宝安与深港同源的文化符号紧密相连。后来，宝安县曾经历改名、管辖范围的变动，但不变的是其作为地区的经济文化中心和海防重镇的地位。

明末清初后，在当时的罗湖一带逐渐聚集了数个村落，村落间的贸易往来使得一个商业集市得以诞生，名为深圳墟。墟市位于连接广州和香港的要道上，在1911年广九铁路华段通车后，商贸更是愈发繁荣发达，名声也随着商人的脚步一并远扬四方。

新中国成立后，宝安县依旧沿用着原名。直至1978年，为发挥此地毗邻香港的地缘优势，吸引港澳投资，《关于宝安县改为深圳市的请求报告》提出："必须把全县所辖范围改为市，名称叫深圳为好，因为深圳口岸全世界早已闻名。"于是次年宝安县正式升格为深圳市。原二线关外的地区成为宝安县的辖区，后来随着城市的发展，宝安撤县分区，分设为宝安区、

欢乐港湾

龙岗区,后光明区、龙华区也从宝安区中脱胎而出。这片扼守珠江口东岸、毗邻伶仃洋的土地逐渐定型成如今我们所熟悉的样子。

在深圳的崛起历程中,城市的发展从罗湖到福田再到南山不断向西挺进。这一次,宝安迎来了新的机遇。随着粤港澳大湾区、深圳先行示范区、前海"扩区"等重大国家战略相继落地,宝安被层层"圈中",正在从原关外地区向大湾区核心位置转变。位于宝安与前海的叠加圈内的宝安中心区,更是被寄予了成为世界级城市"会客厅"的期待:以腾讯为首的优质企业纷纷落地,中央绿轴上的公共文化设施营造出浓厚的文化氛围,拔地而起的湾区地标点亮了深圳西海岸的繁华之梦。周边居民既可以在都市与自然间穿梭,也可以在快节奏中慢下来生活,宝安中心区正在成为令人向往的湾区新城。

沙井，深圳西陲重镇，古宝安县最为繁华的地区之一。远古时代，沙井地区还是一片海湾，在大约 2500 年前逐渐变成海滨平原，古称茅洲。宋元时期，这里逐渐成为广东的重要产盐地。清朝后盐田逐渐荒废，盐退蚝进，居民转以种田和插杆养蚝为生。漫长岁月中，沙井逐步形成了养蚝、制蚝、品蚝等具有浓郁岭南色彩的"蚝文化"，沙井蚝最终成为闻名遐迩的特产。以蚝闻名、因蚝而兴，沙井也赢得了"千年蚝乡"的美誉。

沙井蚝乡步道

源于海 起于盐 承于蚝 兴于市

⊲ 行走指南

　　沙井蚝乡步道是沙井古墟内一条长约 1.3 千米的小路，步道南北向延展，贯穿整个金蚝小镇，是历史爱好者尤为钟情的打卡之地。步道整体平缓，老少皆宜。步行者徜徉其间，可领略沙井古墟古朴的人文历史风貌，体会千年古墟中的生活习俗与生蚝产业的特色文化，感受沙井古墟"源于海、起于盐、承于蚝、兴于市"的历史文化脉络。

步道分类　　历史文化

步道路线　　金蚝小镇内部路

路线长度　**1.3 千米**　　**徒步时间**　**约 1 小时**　　**路线难度**　★☆☆☆☆

交通指引

金蚝小镇
周边公交站：沙井环镇路口站
周边地铁站：11 号线沙井站 D 口

特别提示

1. 每年 12 月至次年 1 月会举办沙井金蚝美食民俗文化节（"沙井金蚝节"）。
2. 当地仍有不少居民居住，请文明出游，保护古镇环境。
3. 自驾出行可选择辛养社区停车场，但停车位有限，建议绿色出行。

洪圣古庙

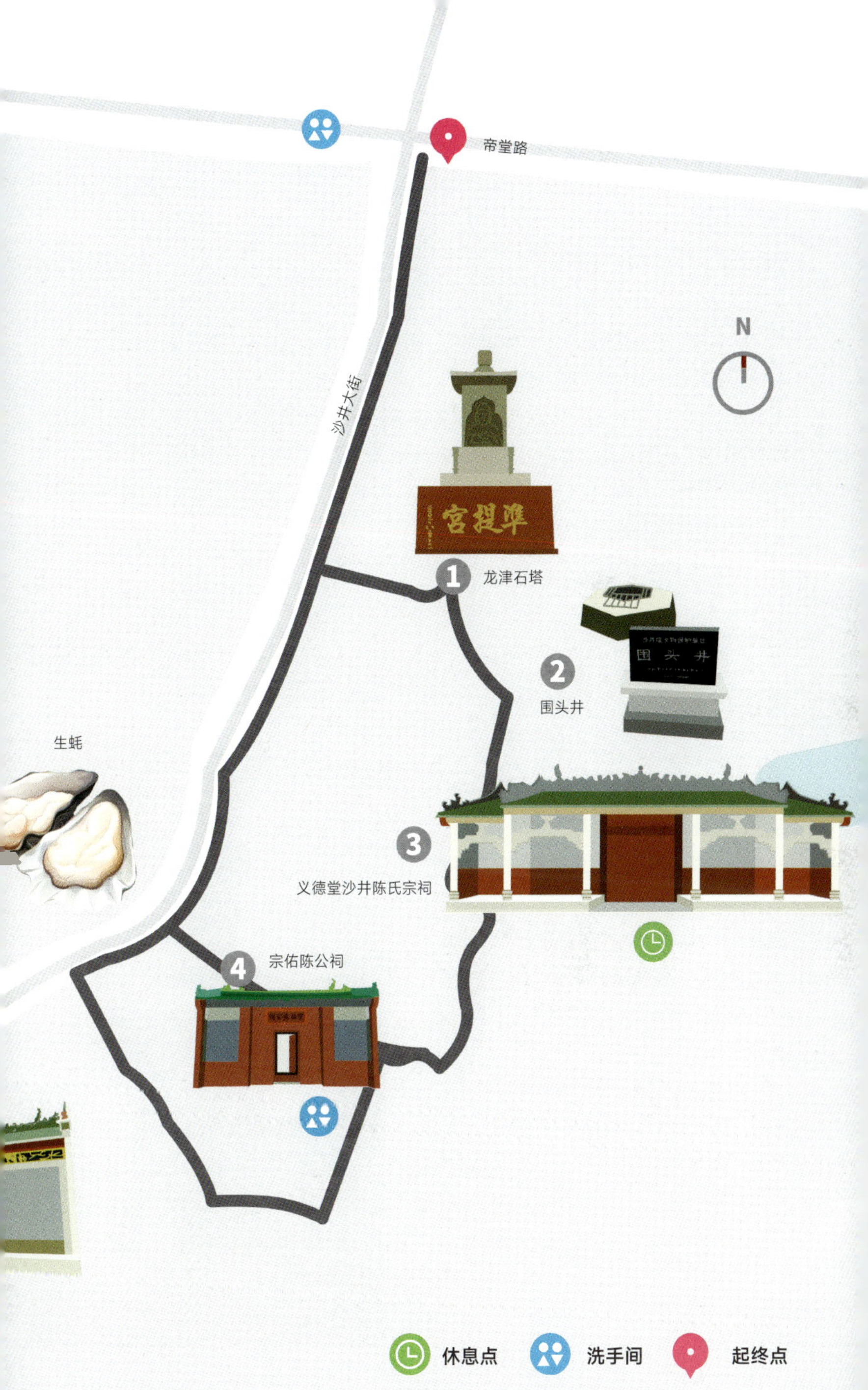

帝堂路
沙井大街
N
準提宮
1 龙津石塔
2 围头井
围头井
生蚝
3 义德堂沙井陈氏宗祠
4 宗佑陈公祠
休息点
洗手间
起终点

金蚝小镇
触摸历史的印记

从宽阔的帝堂路向南出发,就来到满目老建筑的沙井大街。从沙井大街往东行,穿过一条颇具古韵的狭窄小巷,便会看到拥有千年历史的龙津石塔:千年岁月在此留驻,古村往事在这里交叠。从石塔沿龙津河向南,很快就会来到金蚝小剧场和静乐陈公祠。继续沿着龙津河南行,映入眼帘的是六角亭、观音里牌坊等建筑。六角亭旁,伫立着百年古榕树,观音里牌坊边,是明代建成的围头古井。再向南行,穿过几条巷子,便来到了义德堂沙井陈氏宗祠,观古香古色建筑,思过往岁月如烟。

边走边看

龙津石塔

步道上最不可错过,又最容易错过的恐怕就是龙津石塔了。它是深圳现存年代最早、保存最完整的地面建筑。龙津石塔是单层方塔,方形竹节角柱须弥座,塔身佛像面目在岁月的冲刷下有些模糊,但它自然素朴,单纯庄严,有着厚重深沉的气韵。

龙津石塔史称"渡头石塔",因用粗砂岩材凿制,当地人又称它为"花塔公"。据《新安县志》记载,该塔建于南宋嘉定十三年(1220年),是古人用于镇水的风水塔。800余年来,它就这样静静地伫立在这里,见证沙井古墟的沧桑变迁,守护这里一代又一代的居民。

龙津石塔

[沙井蚝乡步道] 195

龙津河

当代壁画与装置

穿行在步道上,也许最让游人意外的,是街头巷尾的老建筑与现代艺术的惊艳碰撞:那就是23位当代艺术家在"时光漂流——沙井古墟新生城市现场展"为古墟的街头巷尾倾情创作的壁画和艺术装置。这些作品内容和形式丰富多彩,且完美结合沙井特色,古老村落与现代艺术之间的交融,给千年蚝乡带来了奇妙的新鲜活力。

龙津河

沙井步道几乎是与默默流淌的龙津河相伴延展。龙津河原名龙津涌,总长约3.5千米,因其在地面分布上整体呈龙须状,曾称"龙须沟"。曾经通航的龙津河流经沙井许多村落,是沙井人的母亲河。但在沙井古墟改造前,已河道狭窄、水体黑臭。近年来经过政府"沙井古墟新生计划"的整治改造,已水清如洗,景观焕然一新。

围头井

六角亭广场(盐场遗址)

六角亭广场是宋代归德盐场的遗址,这里汇集了众多历史古迹,包括六角亭、古牌坊、归德盐场衙署遗址、围头古井、观音庙等,特别值得停留和玩味。这里是整个步道上最热闹的地方之一,也是村民们休闲、聊天、喝茶的场所。

六角亭广场是2019年开展的"沙井古墟新生计划"改造的核心区域之一,政府将老街巷在不影响居民日常生活的情况下进行了"微改造",巧妙激活了当地民众的社区生活:20世纪80年代所建的旧戏台改造的"金蚝小剧场"文化活动接连不断;"废墟花园"在建筑废墟间搭起了空间廊桥,在桥上可近距离观赏历史建筑;"山墙之家"对老屋外墙的现代化微改造,让传统民居更具风采……

六角亭广场(盐场遗址)

义德堂沙井陈氏宗祠

围头井

沙井沙井，当然少不了井。沙井名字的由来，据说就是因村民挖井取水，井中沙多，得名"沙井"。沙井一带有不少古井，而围头井是沙井保存最完整的古井之一。用六块花岗岩石砌成的井口，古朴大方。据推算应建于明代，这口井也被称为沙井的"生命之泉"。

据当地村民说，围头井四季都不会干涸，水质特别好，用这口井里的水煮出来的饭格外香甜。今天，它仍然是当地居民用水的来源之一。

义德堂沙井陈氏宗祠

在沙井步道最值得流连细品的单体古建筑，当属沙井陈氏宗祠。陈氏家族是宝安当地一大望族。沙井陈氏宗祠，又名"义德堂"，是陈氏家族的宗祠之一，它开始建造的具体年代已不可考，但在清代乾隆年间（1794年）的陈氏家族族谱上就有记载。该宗祠占地面积达1010平方米，是深圳为数不多的五开间宗祠之一。义德堂以砖、木、石为结构，墙体使用青砖夯筑，木构梁架，1993年重修时屋顶区改用绿色的琉璃瓦覆面。建筑整体气势磅礴，雕饰精美，现在是宝安区不可移动文物保护点。

天后古庙

沿步道一直往南行,就能看到一座外观古朴的古庙——天后古庙。天后古庙始建于清代中期,是沙井蚝民们敬拜天后、祈求庇佑之处。自 2013 年天后古庙重修开庙以来,每年 5 月都会在此举行传统的祭拜妈祖活动。2017 年后更是融入了丰富的民俗非遗文化,形成了现在的妈祖非遗文化节。届时,除了妈祖天后诞辰的花车巡游,还有沙井蚝生产习俗的庆典,庙前广场上舞龙舞狮、民俗歌舞轮番上演,人头攒动、热闹非凡。

博物赏识

榕树

榕树

沙井古墟的六角亭旁有一棵树龄 115 年的古榕树，它粗壮的根盘横交错，树冠葱茏。在深圳众多的古树名木中，榕树占了很大一部分。榕树不仅枝繁叶茂，而且气根容易触地生根，形成独木成林的景观。

周边游玩

北宋著名文学家梅尧臣写过一首诗《食蚝》，诗中写道："薄宦游海乡，雅闻归靖蚝。"其中的归靖蚝就是沙井蚝。自然，沙井人也发展出蚝的各种美味吃法。沙井蚝乡步道的南端有一家老字号饭店——蠔门饭店，在这里可以品尝到全蚝宴。步道北端是江氏大宗祠，是始建于明末清初的深圳地区现存的唯一一座蚝壳屋、"豪"（蚝）宅。步道的东端是宝安新桥片区，在这里你可以漫步有名的清平古墟，感受历史文化；你也可以去北环路"台湾美食街"，品尝正宗的宝岛滋味。

沙井古墟一角

步道故事

千年蚝乡

沙井蚝文化博物馆

　　沙井蚝乡步道上写满了历史的故事。

　　沙井的沙井蚝业生产合作社在1956年被国家评为"模范合作社",1958年被国务院评为"农业社会主义建设先进单位"。除此之外,沙井还拥有42处文物古迹,其中区级以上文物保护单位有8处。

　　不仅如此,沙井还是广东省有名的"粤剧之乡",蚝乡剧团更是被誉为"深圳市第二粤剧团"。沙井粤剧节于2014年设立,成为深圳设立最早的戏剧节,更是"千年蚝乡"的文化名片。

　　"沙井金蚝节"是广东省国际旅游文化节项目之一,于2004年开始举办。沙井金蚝节已成为深圳地区乃至全省范围内历史最悠久、规模最大、影响最广的传统民俗文化活动之一,更是深圳市民冬月里最关注的节日之一。金蚝节每年都会举行开蚝大赛,以此重现原来蚝乡的盛况。

　　沙井大街所在的天后古庙每年都会举办"老宝安·非遗秀"专项活动以祭奠妈祖。沙井天后庙祭拜的天后就是妈祖。妈祖在沿海地区被奉为"有求必应"的万能"女神",旧日沙井及周边渔蚝民、村民每每出海前都要来此烧香祈福,以保平安,世代相传至今。拜天后、祭妈祖也成了省级非遗项目"沙井蚝民生产习俗"的重要组成部分。民间以农历三月廿三日为天后诞,是中华民族三大祭祀活动之一,若在这天前往天后庙,可深度体验妈祖民俗非遗文化。

铁仔山夕照步道

落日归山海 山海藏深意

如果想在深圳看一场日落,铁仔山公园无疑是个好选择。位于宝安区广深高速公路以西、宝安大道以北的铁仔山公园占地广阔,景色多元:西南可看海景,东南俯瞰城区,北面远眺山景。每当夕阳西下,铁仔山上满是慕名而来等候落日的游人,因距离深圳宝安国际机场较近,还可以看见一架架飞机直冲云霄,落日熔金、海天相接的独特风景。铁仔山夕照步道位于铁仔山公园内,包含环公园的休闲绿道,以及登顶看日落的登山道,是一条特色鲜明的景观步道。

🧭 行走指南

铁仔山公园包含铁仔山和朱凹山两个山体,形状狭长,总占地面积 1.27 平方千米,最高海拔 204 米。铁仔山夕照步道环绕两座山体一周,再登顶,即可看到日落。

沿着铁仔山公园西出入口进入,走上公园平坦的绿道,一路上可以看见许多步道的标识,公园内的路线根据入口、长度、难度被分成了不同的段落,方便市民选取最适合自己的一条。顺着环线游览一周,可以充分了解铁仔山公园的全貌。途中,你可以看见 23 条登山道,入口处标注了本条登山道的台阶级数,登山的选择自由度非常高。想要轻松观赏到日落,沿着最近的登山道走到云阁碧空的空中走廊即可。

观景平台

🔍 边走边看

空中走廊

沿着步道于公园环行,可以在多处看见山上蜿蜒的栈桥。铁仔山公园的标志之一就是依山势而建的 4 条空中栈桥。白色与原木色搭配,宛如巨龙在山林间穿梭。走在栈桥上,穿行山林间,仿佛浮于半空,心情舒畅。栈桥是公园登高望远的绝佳观景平台,观景台朝向不同方向,游人可享有不同的观景视野。

路线长度 **9.1 千米**

徒步时间 **3 小时**

路线难度 ★★☆☆☆

步道分类	风物景观
步道路线	铁仔山公园西出入口—公园内部路—铁仔山公园西出入口
交通指引	**铁仔山公园西出入口** 周边公交站：固戍红湾站 周边地铁站：1号线固戍站 A 口

奇壁生辉

奇壁生辉是公园内一处奇特的景观。一片陡峭的石壁,如同被一刀斩下的半山,石壁上花纹多样,在阳光下绮丽生辉。石壁前是一片宽阔的广场,傍晚时分,附近的居民会在此锻炼休憩。

观景点看日落

云阁碧空

云阁碧空是铁仔山公园观日落的最佳观景点,也是公园内除了雷达塔之外最高的地方。每天下午三四点,陆陆续续就有人登山而来,在此处的栈道停驻,大家共同等候一场盛大的日落。如果你是掐着点而来,一定要根据当天的日落时间提前做好时间规划。

傍晚时分,太阳逐渐下沉,金光穿过云海,闪耀逼人。有时被厚厚的云层遮蔽,留下一片余晖。游人们的目光和镜头一起追随着火红的圆日下沉到看不见的天际。这个时段可以同时拍摄到飞机起落、渔船暮归、夕阳下沉、城市灯火,这一切融会成一幅完美的铁仔山夕照图。

观赏完夕阳美景,最好不要在山上多加逗留,因为很多登山道上没有路灯,如果不想摸黑下山,你可以趁着落日的余晖迅速下山。

博物赏识

鸡眼藤

绿叶丛中点点橙黄的果实格外显眼，沉沉地缀在呈倒卵形的叶片之间，这种其貌不扬的植物因其果实形似鸡眼的外形被叫作"鸡眼藤"。鸡眼藤原产于中国江西、福建等地区，枝条粗壮、中空，每年七八月结果，有清热解毒、止血消肿的功效。

鸡眼藤

泽陆蛙

铁仔山的植被茂密，是青蛙这种喜阴动物的偏好居所，比较常见的有泽陆蛙，这是中国南方的常见蛙类，分布很广。泽陆蛙大多为灰橄榄色或深灰色，背部有棕黑色的纵纹或斑纹，隐藏在荫蔽之处，主要在夜间活动。

泽陆蛙

周边游玩

铁仔山公园周边有平峦山公园、西湾红树林公园、尖岗山公园等特色公园。你还可以前往宝安滨海廊桥感受宝安中心城区的繁华。

步道故事

跨越千年的遗迹

除了登高看夕阳，铁仔山夕照步道还串联着许多历史遗迹，最有名的是步道东南侧的铁仔山古墓群。

1983年，在铁仔山东坡（今华宝饲料厂厂区内），首次发现铁仔山古墓群。1983年至2000年，这里发掘出汉代至明清时期的各类墓葬近360座，还有大量的陶瓷器、铜器、玉器等重要文物。这是目前环珠江口地区所发掘的墓葬最多、延续时代最长、出土文物丰富的重要考古发现。铁仔山古墓群成为研究深圳自东晋东官郡建制到明清时期的政治、经济、历史、民俗文化的宝贵资料。

在铁仔山古墓群的晋代墓葬中，有3座纪年墓，纪年砖的出土，以实物说明深圳在东晋及其以前曾是粤东南地区重要的政治、经济、文化中心。

2000年，西乡铁仔山古墓群被评为"2000年全国重要考古发现"之一。

龙岗

千年客韵 十里书香

"深圳,与世界没有距离"。2011年,第26届世界大学生夏季运动会在深圳举办,激情飞扬的赛事不仅将深圳故事传递给四海宾朋,也给深圳龙岗留下了大运中心、大运公园等永久设施,使其继续承载青春活力的梦想。历经十余载蝶变,如今的大运深港国际科教城集自然风光与人文景观于一体,成为深圳建设现代化、国际化、创新型深圳东部中心和高品质休闲生活方式聚集地。大运步道贯穿其中,串联起大运中心、大运公园、香港中文大学(深圳)、深圳北理莫斯科大学等地点,宜静宜动,充满青春气息。

大运步道

书香与运动 一路都是青春故事

行走指南

大运步道位于龙岗区大运深港国际科教城中,沿途可登山览胜、游湖赏景、书吧小憩。大运山海拔 150 米左右,步道爬升平缓,老少皆宜,适合徒步新手。步道亮点是途经深圳两所名校——香港中文大学(深圳)和深圳北理莫斯科大学,以及大运公园,还可以遇到远近闻名的神仙湖以及湖上的黑天鹅。一路都是年轻的山水、年轻的人,充满朝气。

步道分类 城市风采

步道路线

大运中心—龙飞大道连廊—大运书吧—神仙湖—大运公园西北门—
国际大学园路—深圳北理莫斯科大学北门

交通指引

大运中心
周边公交站:陂头背新村站、大运中心站
周边地铁站:16 号线大运中心站 D 口

深圳北理莫斯科大学北门
周边公交站:国际自行车赛场站、信息学院①站
周边地铁站:16 号线大运中心站 E 口

特别提示

1. 大运步道部分路段从密林间穿过,蚊虫较多,可携带防蚊虫物品。
2. 神仙岭水库中饲养了多只黑天鹅与鸿雁。观鸟过程中,不要近距离打扰鸟类。

 休息点　 洗手间　 起终点

[大运步道] 211

路线长度 **5.5 千米**

徒步时间 **2.5 小时**

路线难度 ★★☆☆☆

第1段 大运中心—大运公园

大运山顶瞰大运

大运步道的起点位于大运中心内。从地铁 16 号线大运中心站出来,朝西穿过 3 座大小不一的水晶馆,向足球场的北边走去,当你看到足球场旁的台阶上标注着"体育场副场绿道"字样的立牌,就意味着正式步入大运步道。

沿着绿道前行,经过龙飞大道,向西便到了大运公园的 U 形湖畔。湖畔一座三层纯白独栋建筑是 2022 年正式对外开放的大运书吧,在提供阅读空间的同时,向游人售卖咖啡、气泡水和甜品。

大运公园环山而建,而大运步道选择拾级而上,直达山顶观景平台。山顶海拔约 150 米,台阶平缓上升,走起来较为轻松,脚程快的二三十分钟便能到观景台。沿路树木郁郁葱葱,盛夏时节也不担心阳光暴晒。另外,公园内有多条登山石阶路,都可抵达观景平台。从这里可以俯瞰大运中心、香港中文大学(深圳)的校区,视野非常开阔。

大运公园的登山道

大运中心

大运书吧

边走边看

大运中心

深圳大运中心是第 26 届世界大学生夏季运动会的主场馆区。其主体育场、主体育馆、游泳馆等一场两馆形似水晶石，呈三角形分布，与周围的山体、绿地、大运湖水配合，形成了独特的"山、水、石"结构。

大运书吧

大运书吧坐落在 U 形湖畔，面朝大运中心，是周边居民和大学生们的秘密后花园。书吧安静闲适，三楼还有个小露台，当夜幕降临，U 形湖畔的蝴蝶装置亮起灯来，幽静之外便多了些城市的流光溢彩。

香港中文大学(深圳)图书馆

香港中文大学(深圳)

  龙岗的国际大学园路上坐落着几所深圳知名高等学府,香港中文大学(深圳)是其中之一。学校背靠大运公园,毗邻神仙岭水库,风光迷人。校园兼具中国传统元素与西方艺术韵味,尤其图书馆最具特色。如果想入校参观,可选择节假日或周末的开放日,持本人有效证件在门岗登记就行。

神仙岭水库

◎ 第2段 神仙岭水库—深圳北理莫斯科大学北门

神仙湖边醉神仙

从大运山顶沿登山道往下走30分钟左右，就可到达山下的大运绿道，进入香港中文大学（深圳）中园，向南可望见深圳北理莫斯科大学标志性的大楼，不远处就是神仙岭水库。

环绕神仙岭水库的绿道长约3千米，是整条步道中最精华的一段。湖畔有三座亭子，其中一座建于清朝康熙年间，名为勤补亭，由一位收藏家赠予香港中文大学（深圳）。湖中养着几对黑天鹅，是神仙湖远近闻名的明星。

神仙岭水库东侧是主坝，顺石阶下行，两旁是大草坪，还有蜿蜒的彩虹路，是游客们喜爱的打卡地。

环湖行走一周后，穿过香港中文大学（深圳）旁的道路，向国际大学园路走去，便看到一座与众不同的哥特式建筑，那是深圳北理莫斯科大学主楼，楼顶闪耀着"深北莫之星"。一旁则是未来的香港中文大学（深圳）医学院及音乐学院。如果迷了路，路过的学生会很热心地为你指路，让你感受这里独有的青春热情。

边走边看

神仙岭水库

神仙岭水库建于 1954 年,原为属地集体自建的农业灌溉小型水利工程。水库北面有一处名为神仙岭的山脉,香港中文大学(深圳)徐扬生校长便建议与神仙岭相对应,将水库命名为神仙湖,他在《黄昏的神仙湖》一文中写道:"教书育人就是神仙的活,办大学要有大神、大仙才能培养出大神、大仙。"

深圳北理莫斯科大学

深圳北理莫斯科大学是首所中俄合作大学,校园采用了俄罗斯典型建筑风格,在讲究实用性的同时,保持着建筑的艺术性与空间的秩序感。哥特式塔楼、大面积的石砌墙面,独特的俄式风情在岭南的高校中自成一派。矗立于中心广场的主楼是校园的地标性建筑,高 156 米,顶端的五角星被誉为"深北莫之星"。如果想进入学校参观,可提前在官方公众号预约。

深圳北理莫斯科大学

博物赏识

黑天鹅、鸿雁

在神仙湖,黑天鹅和天鹅宝宝是明星,不少游客特意为它们而来。黑天鹅全身羽毛卷曲,体羽斑点闪烁,呈黑灰色或黑褐色,脖子呈"S"形拱起或立起。它们在湖面优雅悠闲地游荡,给神仙湖增添了几分温馨和童趣。

与黑天鹅相伴的是鸿雁。它们时而在水中和陆地上梳理羽毛,时而睡觉或休息。运气好的游客在上午会看到管理员给它们喂食的热闹场面。

黑天鹅

大叶榕

大运绿道两旁多植有大叶榕与幌伞枫,让行人即使在正午也不必顾虑阳光。大叶榕是桑科榕属的大乔木,别称万年青、大青树、高山榕,常用于园林风景树和庭荫树。

幌伞枫

幌伞枫,又名富贵树、广伞树,常绿乔木。其细细长长的树干笔直而立,在上端长出一丛丛枝叶,叶片硕大,有三至五回羽状复叶,形状仿若一把张开的伞,幌伞枫由此得名。

大叶榕

广州樱

在神仙湖绿道一侧,种植了一片广州樱花。在每年的3、4月份,一树一树的花朵娇媚绽放,似一片红霞落在湖畔,深受市民的喜爱。广州樱是我国自主培育的本土樱花品种,花先于叶绽放,春芽绿色,花蕾玫红色,花萼浅褐色。

周边游玩

演唱会和体育赛事轮番上演的大运中心,从来不缺火热的人气。周边的餐饮美食更是琳琅满目。距离大运中心1.3千米的龙岗星河COCO Park囊括了从湘菜、西北菜到日料、泰国菜等各式美食,还有不用会员卡就能进的山姆餐吧。

步道故事

从麻沙村到大运中心

12年前,龙城街道黄阁坑社区有个名不见经传的客家老村——麻沙村。村庄有多久历史、名字从何而来都已无法考证。据村干部介绍,当时村里有座陈姓老祖先的古坟,经考古部门认定,已有800多年的历史,被列为文物。

当时的麻沙村有居民180多户,大部分建筑是私宅。村里交通不便,村民每天只能靠一班公交车出行。周边也没有学校,孩子上学需要去往很远的地方。

改变发生在北京时间2007年1月17日凌晨,随着时任国际大体联主席乔治·基里安郑重宣布:"2011年第26届世界大学生夏季运动会的主办城市是——深圳!"一场深刻而精彩的城市蝶变开始在麻沙村上演。

2011年,第26届世界大学生夏季运动会在大运中心开幕,同年8月,作为大运中心配套建设的大运公园正式对外开放,成为深圳最大的以体育为主题的生态公园。

十余年转瞬即逝,一场体育盛会不仅承载了很多人的美好回忆,也激发了一个城区的发展动能。如今的大运中心,交通路网四通八达,深港国际科教城高校聚集,成为龙岗乃至深圳最具发展潜力的新兴片区。而亲身见证这场城市变革的老麻沙村居民闲暇时也会到大运中心散散步,回忆大运主场馆周边他们曾经的家。

大窝岭亲子探秘步道

森林里的童趣乐园

在龙岗中部,清幽的山谷里藏着一条"童气十足"的大窝岭亲子探秘步道,它将龙岗得天独厚的山林资源留给了深圳的孩子。因途经深圳最大的儿童公园——龙岗儿童公园、热门亲子打卡路线大窝岭郊野径,成为遛娃的好去处。这里设有趣味十足的科普牌,打造了儿童友好型的自然教育场景,让大小朋友们在登山徒步之余,还能研习博物知识,尽情在山林间"撒野"。

🧭 行走指南

大窝岭亲子探秘步道长约 5.4 千米,累计爬升 215 米。从愉园地铁站出来向北行走,顺着天桥跨过盐龙大道向东行,可以看见大窝岭郊野径儿童公园入口的指示牌。郊野径除了保留少量现状水泥路以外,尽最大可能修整原始自然步道,并因地制宜修建土木阶梯、踏石阶梯等,部分路段有绳索借力,树荫较多,整体难度不大,途中设有多个儿童探索节点及自然科普立牌,适合带孩子一起出游。

大窝岭郊野径设有四个出入口,除了从龙岗儿童公园旁进入外,还可以选择从离地铁站较近的麓园入口、反向从停车较为方便的朱古石入口、蜘蛛山谷景点附近的连心路入口进入。

大窝岭亲子探秘步道

🔍 边走边看

龙岗儿童公园

龙岗儿童公园是深圳面积最大的儿童公园,预计于 2023 年末开园。公园有着得天独厚的森林资源,山谷、山坡、山林依地势为儿童提供不同的游乐体验。园内设有儿童成长中心、自然教育中心,动力+无动力结合的游乐设备供亲子家庭游玩。其中,深圳海拔最高的星空摩天轮、亚洲容量最大的海盗船是其标志性设施。

龙岗儿童公园

[大窝岭亲子探秘步道] 221

路线长度 **5.4 千米** 徒步时间 **2.5 小时** 路线难度 ★★☆☆☆

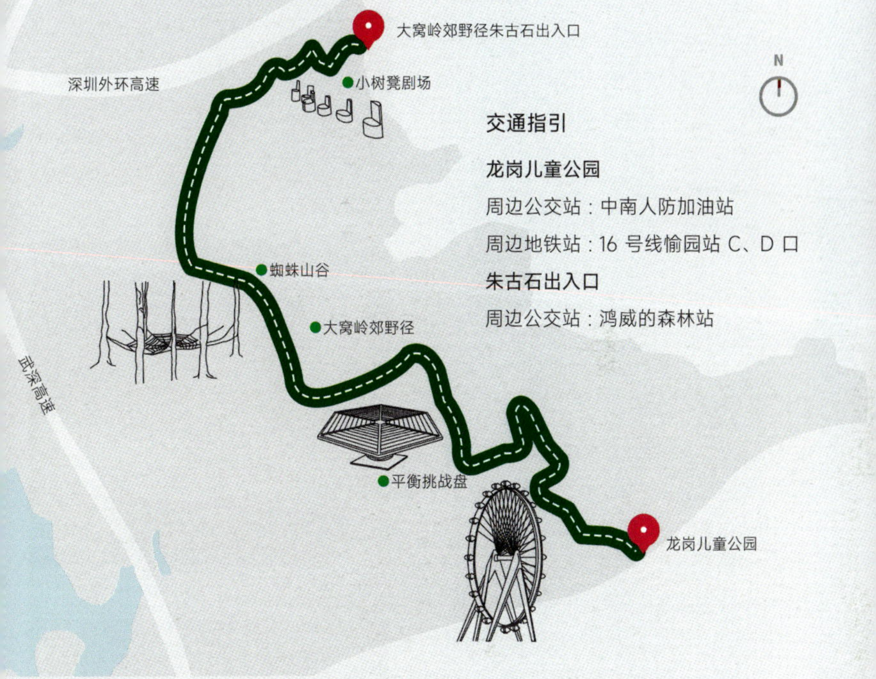

大窝岭郊野径朱古石出入口
深圳外环高速
小树凳剧场

交通指引

龙岗儿童公园
周边公交站：中南人防加油站
周边地铁站：16 号线愉园站 C、D 口

朱古石出入口
周边公交站：鸿威的森林站

蜘蛛山谷
大窝岭郊野径
平衡挑战盘
龙岗儿童公园

步道分类　博物研习
步道路线　龙岗儿童公园正门—大窝岭郊野径—大窝岭郊野径朱古石出入口

海拔示意图

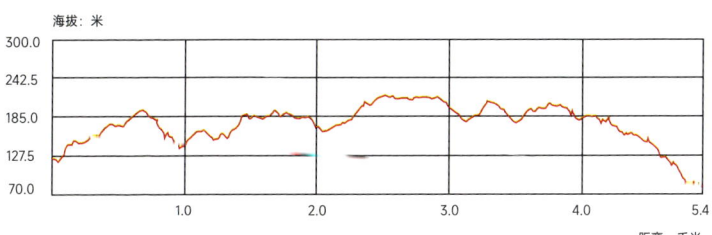

距离：千米

儿童自然探索

对孩子来说,这趟旅途最值得期待的,就是探索途中的各个游玩点。顺着步道一路前行,可偶遇多个颇具自然趣味的小景点,孩子可以在平衡挑战盘上展开双手与同伴进行平衡挑战,走进迷踪谷寻觅神秘地图,脱了鞋子在光脚丫步道上亲近大地,爬上蜘蛛山谷的大网,感受斑络新妇的"网上生活",还可以坐在大树餐吧的木头桌椅上稍作休息,在风之谷聆听风的吟唱时摆个帅气的造型。

蜘蛛山谷大网

儿童自然科普

大窝岭亲子探秘步道不只有自然探秘,更有自然科普,一路上各式科普立牌成为途中的小课堂。从科普立牌中,可以了解自然中的好声音,看蝶舞山林,途中遇到的小节点也成为科普的一部分。旅途中所见的"深圳人的大水缸"清林径水库、森林里的"钢铁巨人"输电塔都以手绘的科普形式趣味呈现。

平衡挑战盘

靠近朱古石入口,能看见一排由小树桩做成的小板凳,这就是小树凳剧场,也是自然研学的天然课堂。朱古石入口还清晰地展示着手作步道的内容及所运用的工法。学玩结合,是这趟行程最超值的地方。

树桩小板凳

大窝岭郊野径

清林径水库

大窝岭亲子探秘步道视野最开阔的地方，就是大水缸平台。在这里稍作休息，可以远眺清林径水库，了解深圳的水情故事。

深圳是全国严重缺水的城市之一，八成以上的原水需要从市外的东江引入。为了储蓄东江水及本地水资源，深圳建设了上百座水库，但大、中型水库只有16座，目前最大的水库就是清林径水库，因此清林径水库有着"深圳人的大水缸"之称。

清林径水库位于龙岗区东北部，龙岗河流域一级支流的中上游，与东莞、惠州相邻。水库于1959年兴建，1963年3月正式启用蓄水，起初它是一座中型水库。2010年，清林径引水调蓄工程启动，于2020年完成蓄水验收，清林径水库、黄龙湖水库、伯公坳水库三库合璧，库容量达1.86亿立方米，水面面积达10.2平方千米，成为以供水为主，兼顾防洪等功能的综合利用的大型水库。

博物赏识

斑络新妇

行走在深圳的山林间，不时地就会被一种巨大的蜘蛛网挡住去路，网上的蜘蛛仿佛正盯着来访的客人。因这种蜘蛛腹部花纹酷似人脸，所以叫"人面蜘蛛"，学名叫斑络新妇。斑络新妇是深圳郊野最常见的蜘蛛，也是深圳已知体型最大的结网蜘蛛。夏季的大窝岭郊径常可遇见斑络新妇捕食，途中的"蜘蛛山谷"游玩点，也是仿照斑络新妇的蜘蛛网设计的。

斑络新妇

岗松

夏秋季节行走山中,不经意间可以遇见开白色小花的岗松。岗松是桃金娘科岗松属的小乔木或灌木状植物,因为叶子像松针一般,所以得名。岗松主要分布在福建、广东、广西及江西等省、区,东南亚各地也有分布。

山乌桕

山乌桕是深圳本土常见的半落叶型植物,也是著名的南国红叶树种之一。秋冬时树叶从绿色转为黄色再变成红色,成为步道途中的一大景观。山乌桕的花期为4~6月,果期为7~11月,其果实是鸟类最喜爱吃的果实之一。

芒萁

芒萁是深圳山野最常见的蕨类植物,属于里白科芒萁属。它根系发达,地下茎具有无限分枝的特性,可交叉分枝、节节生根,庞大的根系组成一个密集的网络,固土能力特别强,而且耐干旱、耐瘠薄,依靠纵横交错的地下茎及能深入土层3米之下的不定根,可以顽强地生长在山坡荒野。

岗松

芒萁

步道故事

关爱儿童即是守护未来

深圳"儿童友好城市"主题海报

深圳是一座年轻充满活力的城市，致力于为儿童提供完善的社会服务体系、保障儿童生存发展权利和满足儿童家庭高品质生活需求。焕然一新的妇儿大厦，安全有趣的"步行巴士"，各类儿童友好公园、图书馆、医院等，这一切都归功于深圳对"儿童友好城市"的探索实践。

早在1996年，联合国儿童基金会和联合国人类住区规划署共同发起儿童友好城市倡议，推动全球各地更好地把儿童福祉融入社会发展和城市治理中。2015年底，深圳率先在全国提出系统性建设儿童友好城市目标，2016年写入市"十三五"规划，得到市委、市政府的高度重视和大力支持。2021年，"率先创建儿童友好城市"被国家发展改革委列入深圳经济特区创新举措和经验做法47条清单，向全国推广。2022年，深圳被列入第一批建设国家儿童友好城市名单。

深圳从政策友好、空间友好、服务友好和参与友好四个维度大力推进儿童友好城市建设，在最大限度激活儿童潜能的同时，也是在点亮城市的未来。

银湖山郊野径南坑郊游径

穿行在山林里的宁静时光

横跨龙岗、罗湖、福田、龙华四区的银湖山郊野公园，是被闹市城区环绕的一片自然山野。公园内沟岭起伏，林草茂盛，远足径、郊野径、绿道、乡野小路勾连交织、四通八达，环山有众多出入口方便登山者抵达。位于山北的南坑郊游径便是龙岗区打造的一条郊野小径，路线曲折幽静，风貌原始，一路行山望城，是深受户外驴友们喜欢的一条幽僻路线。

行走指南

银湖山郊野径南坑郊游径的两端是坂田街道的两个水库：正坑水库位于布坂道银湖山郊野公园北门，南坑水库位于环城南路银湖山郊野公园环城入口。

从正坑水库进入，是一片安静的湖景，环水库有平坦的步道和骑行道。沿环湖步道前行便衔接上广东绿道 5 号线，向南穿过南坪快速高架桥，在第二个路口左拐，就看到银湖山郊野径的标识牌，南坑郊游径由此开始。

第 1 段　正坑水库—鸡公头

从南坑郊游径 0 号标距柱开始，是一段平坦的土路。沿着道路指示牌向文谷庄园入口方向走，会遇到一段又长又陡的石阶，由此开始一路都是向上攀登。沿途有土木阶梯，也有安全拉绳辅助，行走并不困难。

随着海拔升高，视野越来越开阔，道路指示牌上所指的方向也越来越多，认准鸡公头方向、南坑入口方向便不会走错。过了 3 号标距柱，是一段山脊线，可以瞭望远处城景。绕过文谷庄园的围墙，会接一小段绿道，然后从左侧土路开始上手作步道，直登鸡公头。

徒步者

步道路线 正坑水库—文谷庄园—鸡公头—南坑水库

路线长度 **7.1 千米**
徒步时间 **3.5 小时**
路线难度 ★★★☆☆

正坑水库
五爪金龙
南坑水库
高压电塔
地桃花
文谷庄园
鸡公头
罗湖龙岗1号碑

步道分类 郊野远足

交通指引

正坑水库
周边公交站：环城路路口站、坂田国际中心总站
周边地铁站：5号线杨美站B口

南坑水库
周边公交站：万科第五园总站
周边地铁站：10号线南坑站A口

海拔示意图

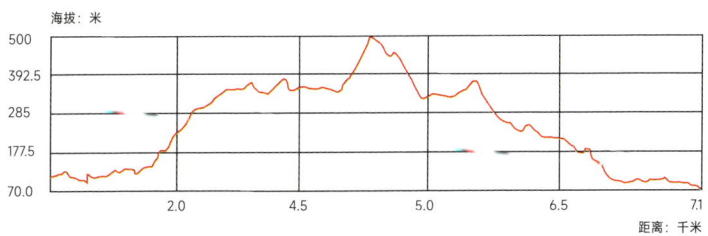

第 2 段 鸡公头—南坑水库

在鸡公头，龙岗的南坑郊游径与罗湖的鸡公山郊野径相遇并行，由此往南坑入口方向下行，直至龙岗/罗湖1号界碑，是两条线的重合段，也是龙岗与罗湖两区的交界线。

行走完700多米的下坡，会再次与广东绿道5号线相遇。沿绿道前行500米左右，会在道路右侧见到远足径塘梅银段、南坑入口指示牌。从这里上坡，再次行走上土路，然后沿南坑入口方向下山，一路有很多沙石路段，雨水冲刷过后容易打滑。郊游径从雅宝隧道上方跨过南坪快速路，便抵达南坑水库边。

特别提示

沿途多处有高压线塔，雷雨天不宜通过，出行前请留意天气预报。

龙岗/罗湖1号界碑

边走边看

正坑水库

正坑水库位于坂田街道西南，建于1994年，属观澜河流域，南坪快速横穿水库库区。水库建设初期用于防洪、供水，现在水库主要功能为防洪，兼作生态景观使用。湖水水质碧绿清澈，环湖建有平坦的步道、骑行道及休闲设施，是周边居民散步休憩的好地方。

山顶风光

鸡公头

　　鸡公头是银湖山的最高峰，海拔 445 米，在深圳独立山峰中排第十。这里有坂田、布吉、罗湖三地界碑和一个大蓄水池，墙上绘有银湖山的野生动植物，平台上有木制休憩凳。无论从哪个方向上来，经过连续的攀爬之后，坐在山顶，看花摇蝶舞，或迎风瞭望，自然心旷神怡。

星河双子塔

坐落于银湖山西北侧的星河双子塔,是路线上最突出的风景。两座并肩而立的高楼改写了原梅林关口的天际线。这里叠加了"都市核心区"和"世界级电子信息产业集群承载区"双重区位优势,总建筑面积逾36万平方米,地上73层,形成了一座容纳近3万人工作与生活的天际"立体城市"。

星河双子塔

🌸 博物赏识

五爪金龙

五爪金龙是旋花科虎掌藤属多年生草本植物。常常缠绕在其他植物上生长,看起来像紫色的牵牛花,因叶子为掌状,5深裂或全裂,又擅长攀爬,故得此名。五爪金龙原产于热带亚洲或非洲,被引入后在华南地区广泛蔓延,抑制了本土物种生长,现已被列入重点管理外来入侵物种名录。

五爪金龙

山麦冬

山麦冬是天门冬科山麦冬属多年生草本植物。根部末端呈椭圆形或纺锤形的肉质小块根,是传统中药。叶线形,上面深绿色,背面粉绿色;花淡紫色或淡蓝色。山麦冬喜阴湿,常生于山坡路旁、山谷林下,对土壤要求不严,现多栽培作为药材或园林观花、观叶的地被植物。

山麦冬

地桃花

地桃花是锦葵科梵天花属的亚灌木状草本植物,分布于中国长江以南地区,在深圳的山野很常见,常生于路径旁的山坡、灌木丛中。其叶片形状、大小差异较大,花淡红色,因其生于地面,形似桃花,故名地桃花。

波蚬蝶

波蚬蝶的头、胸、腹皆为褐色,上面带有红褐色或黄褐色的绒毛,触角细长,为黑白相间的棒状。翅正面为红褐色,布有白斑和黑斑列。波蚬蝶喜欢在阳光充足时飞翔,飞行速度快但飞行距离不远,在叶面休息时四翅呈半展开状,常出没于林区,以吸食花蜜为主。

地桃花

波蚬蝶

步道故事

从"垃圾围城"到"无废城市"

行走在鸡公山周围,下坪垃圾填埋场会突兀地出现在被绿色环绕的视野中。它像山林间一道巨大的伤疤,警醒着人们节制欲望,珍惜资源,保护自己所生存的土地。

人类每天都在产生垃圾,但似乎很少有人主动关心这些垃圾会被运向哪里,会被如何处理。作为超大型城市的深圳,一度面临"垃圾围城"的困境。如何处理垃圾,深圳经历了严峻的考验,也走出了自己的创新之路。

垃圾填埋是我国生活垃圾处理的第一个阶段。下坪垃圾填埋场是我国第一座大型现代化垃圾卫生填埋场,1997年投入运营使用,20多年来处理着特区内源源不断的生活垃圾。但随着深圳经济发展和人口激增,土地资源日益紧张,所需较大空间的垃圾填埋场越来越无法适应城市发展的需要。经过多年的探索和实践,深圳市做出了积极的转变和大胆的尝试。2020年9月1日,《深圳市生活垃圾分类管理条例》正式实施,对垃圾分类全过程的职责划分和工作要求作了细致安排,让垃圾分类从"倡议时代"进入"强制时代"。

近年来,深圳着力构建覆盖生活垃圾源头减量、分类投放、收运清运、无害化处理、资源化利用的"全口径、全过程、全链条"垃圾分类体系,在住宅区(城中村)设置2万多个生活垃圾集中分类投放点,对各类垃圾实行专车专运,同时建立各类生活垃圾分类处理设施,厨余垃圾处理设施处理能力达6693吨/日,全市生活垃圾回收利用率和资源化利用率分别达48.8%和87.7%,位居全国前列。

为了增进市民的环保意识,深圳启动垃圾分类公众宣传"蒲公英计划",获住建部肯定并向全国推广。从2023年开始,垃圾分类在全市范围内融入基层治理"百分百行动"全覆盖工作。

此外,深圳积极探索"无废城市"建设,基本实现原生生活垃圾全量焚烧与趋零填埋,并将人人避而远之的垃圾场变成了花园式的能源生态园。

大芬油画步道

徜徉在生活与艺术之间

如果要找深圳油画最多的地方,可能不是某个画廊或者美术馆,而是"中国油画第一村"——大芬油画村。这里是全国最大的油画生产、交易基地,全球重要的油画交易集散地。经过转型升级后,如今的大芬是"深圳特色文化街区",更是具备多元城市功能属性和丰富艺术空间氛围的城市片区和国际艺术社区。漫步在大芬油画步道,在交叠的艺术空间之中、在艺术品的色彩与笔触之间,感受艺术的生活方式带来的无穷魅力。

行走指南

当地铁驶至大芬站,"油画"两个字便频频出现在视线中,途径沃尔玛,远远地就能看见"世界油画 中国大芬"的铿锵标语,再往前,是呼之欲出的小飞象墙绘。每条巷子的店铺里都有待售的艺术品,你可以在其中挑选到国画、书法、篆刻、刺绣、陶瓷、版画、雕塑和当代艺术等任何一种门类的艺术品,也可以随便逛逛,喝一杯咖啡,亲身参与一次油画、陶艺等艺术体验,偶遇一段有意思的时光。

大芬油画步道穿行于大芬油画村内,首先进入的是油画步行街,顺着指引,走过精美的浮雕墙,就看见深灰色外墙的大芬美术馆。在大芬油画步道行走,无须细究前行的方向,处处皆可偶遇美好。

大芬美术馆

边走边看

油画步行街

油画步行街串起了一间间店铺,两旁的墙上挂满了作品,这里每一个角度都是一片新的风景:还未干透的鲜亮浓烈的《春》晾晒在架子上,街道旁的小画是临摹梵高的《夜间露天咖啡馆》,色彩纷繁的头像是玛丽莲·梦露时尚的剪影……沿途遍布画廊、画材店、纪念品店等特色小店,游客可以选购到各种价位、各种风格的艺术品带回家。

沿路经过部分特色空间。如太阳山艺术中心,这是一个巧妙地将传

路线长度 **1.6 千米**
徒步时间 **1 小时**
路线难度 ★☆☆☆☆

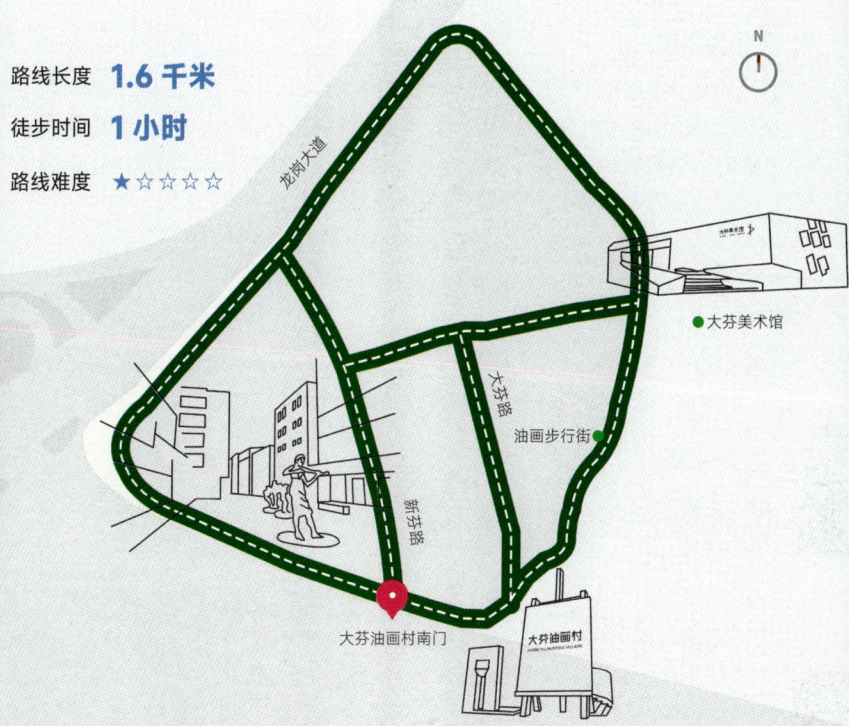

步道分类	城市风采
步道路线	大芬油画村南门—油画步行街—大芬美术馆—大芬路—新芬路—大芬油画村南门
交通指引	大芬油画村南门 周边公交站：大芬地铁站①站 周边地铁站：3 号线大芬站 A_1 口

统徽派建筑风格与陈求之艺术家的现代书法结合打造出的独具一格的园林式艺术空间；TNT 当代艺术空间连接全球文化艺术市场资源，是一个集展览、展示和与艺术家进行思想交融碰撞的艺术空间。

大芬美术馆

大芬美术馆建于 2007 年,占地面积 1.1 万平方米,总面积 2.1 万平方米,简约而时尚的外形使之成为大芬油画村一道独特的风景。自建馆以来,大芬美术馆共举办过 300 余次展览,包括深圳大芬国际油画双年展、全国(大芬)中青年油画展等国家级品牌展览,也展示中国当代油画名家力作,吸引远近艺术爱好者慕名而来。

周边游玩

大芬油画村旁,有求水山公园、石芽岭公园等主题公园,逛完大芬油画村也可以一并游玩。

步道故事

艺术梦想照进现实

从世代农耕村落到"中国油画第一村",从名不见经传到誉满全球,身处深圳这片改革热土的大芬油画村,历经 30 余载传奇巨变,是中国文化产业震撼世界的奇迹。

20 世纪 80 年代,油画走进大芬也许是一个偶然,但此后数年,大芬顺势而为,油画生产规模日益扩大,大批美术工作者云集于此,大芬美术馆建成,越来越多的画廊在此落地。2022 年,在这片约 0.4 平方千米的土地上,已集聚了 1200 余家画廊,年游客参观量超过 300 万人次,实现年总产值 42 亿元人民币。作为全国首批和深圳首个"国家文化产业示范基地",大芬油画村还是深圳文博会分会场的开创者。大芬油画村,不仅是一个文化产业发展的奇迹,而且是艺术梦想者的家园与热土。

大芬油画村

第七程

龙华

春和景明　步履不停

宝安、南山、龙华三区交界处，坐落着一座英雄山。抗日战争时期，这里曾是华南抗日游击队（东江纵队前身）开辟的根据地。1941年12月，香港沦陷之后，中共中央指示华南地区党组织和游击队，不惜一切代价将滞留香港的文化名人和爱国民主人士营救回内地，阳台山就是他们曾经隐蔽逗留的大后方。

深圳西部最高峰阳台山，不仅拥有骄傲的革命历史，而且山泽水润，风光秀美。阳台山文化名人大营救遗址步道一路串联起这些湖光山色和红色遗迹，让脚步在轻快的假日和深沉的记忆之间流连忘返。

阳台山文化名人大营救遗址步道

烽火岁月的奇迹之路

行走指南

阳台山的徒步路线丰富多样，可以走土路，走绿道，也可以溯溪。如果带着孩子或老人，可以从大浪出入口进，环水库悠游漫步。阳台山文化名人大营救遗址步道是阳台山的经典半日行路线，赖屋山水库和冷水坑水库串联其首尾，沿途众多的溪涧、潭池、沟谷、跌水构成了千姿百态的自然景观；同时，多个与大营救相关的革命遗址及其相关资料展览，向游人讲述着创造历史奇迹的文化名人大营救故事。

步道分类　　历史文化

步道路线
大营救广场出入口—观湖亭—半月廊—赖屋山水库—蝴蝶谷—秋水台—竹径通幽—冷水坑水库出入口

路线长度 6.8 千米　　**徒步时间 3 小时**　　**路线难度 ★★☆☆☆**

交通指引
大营救广场
周边公交站：阳台山东地铁站站
周边地铁站：6 号线阳台山东站 A 口
冷水坑水库出入口
周边公交站：元芬小学站、光浩工业园站
周边地铁站：6 号线元芬站 C 口

阳台山胜利大营救纪念碑

第1段 大营救广场出入口—山腰

沿着红色印记出发

阳台山文化名人大营救遗址步道以阳台山东北侧的大营救广场为起点。广场中矗立着胜利大营救雕塑,沿路设置有丰富的图文展板,讲述东江纵队战斗故事。广场上的阳台山文化名人图书馆是一座以文化名人大营救为主题的红色图书馆。穿过广场直行,便踏上了平坦和缓的柏油步道,抵达登山的主入口。

步道绕赖屋山水库盘山而上,沿途山光水色风景迷人。龙溪桥边是溯溪的好去处,途中有一个洗手间可供使用。当你看到曲折的钢架廊桥盘旋在山林之中,仿佛一条银龙,那就是"卧龙遗蛋"了。

卧龙遗蛋

边走边看

胜利大营救雕塑

2012年,为了纪念被茅盾先生称为"抗战以来最伟大的抢救工作"的文化名人大营救行动,广场中心竖起了胜利大营救主题雕塑,远远看上去像是一个指向天空的"V"字形手势,由枪杆子和笔杆子造型结合而成。雕塑底座是厚重的花岗岩,两方的柱体代表当时从水路和陆路出发的两种路线,45位有代表性的文化名人照片和名字被做成书本样式拼在一起,每一个人都是这段历史的亲历者。

阳台山文化名人图书馆

阳台山文化名人图书馆是一座以文化名人大营救为主题的红色图书馆,为两层砖红色的小楼,可供人阅览,也可在此稍作休憩。馆内墙壁上的3D装饰复刻了一些文化名人的照片,以及当时的报纸、标语和一些战斗场景。

图书馆二楼是龙华区军事陈列馆,馆内陈列了东江纵队的历史文物,并设置"电子沙盘体验区""VR国防教育区""H5互动区""光影互动区"等区域,带领参观者沉浸式体验军旅生活。

第 2 段

山腰—蝴蝶谷

览胜景
追蝶影

从山腰的十字路口登山而上,可以到达小阳台,而文化名人大营救遗址步道只需沿着平坦的大道继续漫行。沿途有一座揽胜台,是阳台山的网红打卡点。站在 360°悬空玻璃观景台上,不仅拥有环抱群山的视野,还能瞭望文化名人们曾隐蔽三个月之久的深坑遗址。

环山而下行至山脚,便来到蝴蝶谷。这里花开蝶舞,是一个绝佳的自然教育研学场所,路旁设有科普指示牌,前方的蝴蝶谷书吧也可供歇脚和学习。

蝴蝶谷

揽胜台

🔍 边走边看

蝴蝶谷书吧

蝴蝶谷书吧静静坐落于山谷之中，整体建筑以竹为主，中央是一个水池，四周张贴着不同种类的蝴蝶图片。书吧外墙呈半开放式，游人可以在此稍坐，或阅读，或休息。蝴蝶谷书吧外，是中国文化名人大营救深坑故事展，通过生动的图文叙述，可以让人直观了解这场惊心动魄、震动世界的历史事件。

📍 第3段　蝴蝶谷—冷水坑水库

竹径水幽处

从山谷继续向南而行，步道环冷水坑水库起伏蜿蜒，拐角处有一座秋水台，可登临其上，俯瞰水库的全貌。看到一片婆娑的竹影时，便走完了步道大半路程。竹林掩映着一条幽径，出入口是亭台样式的竹编拱门。继续下行，从柏油马路拐入小路，草木逐渐茂密，全程阴凉，能听到山泉叮咚。在旅途的结尾，是镶嵌在群山中的冷水坑水库。水库水面波平如镜，倒映着青山白云，清澈秀丽。

竹径通幽

边走边看

"文化名人大营救"革命遗址

经过专家学者的深入走访调研及健在的东江纵队老战士的回忆与指认,阳台山发掘出4处与中国文化名人大营救相关的革命遗址,其中3处位于步道的周边。遗址在本书调研期间仍在开发建设中,尚无法参观。

芋荷塘

芋荷塘 (在建)

芋荷塘位于大阳台山和小阳台山之间的一个山谷中,因山泉汇聚形成了一大片如同沼泽的水洼地,长满了碧绿的野芋,远远看去如同荷叶田田。《新安县志·都里》(清嘉庆二十五年)中就记载了芋荷塘这个地名。明末清初,卓姓客家人曾在此定居,留下许多生活痕迹,后来又渐渐迁移至别处。

抗日战争时期,卓氏宗祠曾经是广东人民抗日游击队一处重要的集结地和隐蔽驻点。在1942年的阳台山反围剿中,无数英雄的英魂留在了芋荷塘,在此处书写了他们悲壮的故事,至今仍有许多遗迹供人们纪念与缅怀。

鸡板坑 (在建)

现在看上去不起眼的一个小山洞,是抗战时期游击队存放武器的隐蔽库房。鸡板坑村内的张氏宗祠是阳台山抗日游击队的驻地之一。1941年5月,王作尧领导的"广东人民抗日游击队第五大队"曾经在此设立兵工厂。这座位于阳台山赖屋村水库东南坡的客家村落,在发源之初,村民都姓张,以加工木材为生,当时村子也被称为"锯板坑"。20世纪50年代,村民们陆续搬离了这里,现在只剩下一座四层高的碉楼和倒塌的祠堂。2018年12月,龙华区文化广电旅游体育局正式挂牌将鸡板坑碉楼列为不可移动文物保护单位。

深坑 (在建)

在蝴蝶谷书吧旁,有一处绿草如茵、山林环绕的山窝。抗战时期,这里搭建有数间草寮,邹韬奋、茅盾、廖沫沙、丁聪、戈宝权、张铁生等50多位文化名人先后在这里隐蔽居住。他们躲过了敌人一轮一轮的搜捕,每一天都是一次惊心动魄的考验。后来游击队机关报《东江民报》编辑部和医务所也搬到这里,大家一边藏身一边继续文化宣传工作,这条小小的山沟因此被称为"文化沟"。

博物赏识

在阳台山蝴蝶谷，不仅可以看到各种各样的蝴蝶，还可以看到蝴蝶的寄主植物和蜜源植物。寄主植物为蝴蝶不同生命周期提供摄食、产卵等生存环境；蜜源植物或花朵美丽，或气味芬芳，吸引蝴蝶、蜜蜂为其传粉，并回报以甜美花蜜。

被列为入侵植物的马缨丹，花开旺盛，色彩艳丽，蜜量大，深得蝴蝶喜欢

鹅掌柴

鹅掌柴也叫鸭脚木，是广东山林常见灌木或小乔木。椭圆形小叶排成掌状，形似"鹅掌""鸭脚"。每年11月至翌年2月，鹅掌柴开出密集的小花，花期可持续1个月左右，是蝴蝶重要的冬季蜜源植物。

鹅掌柴

白花鬼针草

白花鬼针草是菊科鬼针草属草本，适应性强，一年四季开花，经常在荒坡野地成片开放。其种子的顶端有三四枚芒刺，人路过便会粘在裤脚上，所以又叫粘人草、婆婆针，也是蝴蝶喜欢的蜜源植物。

假鹰爪

假鹰爪是番荔枝科假鹰爪属直立或攀援灌木，生长在林缘灌丛或荒野谷地。花朵初开绿色，后转为黄白色，花瓣形似鸡爪，有甘美香气。统帅青凤蝶的幼虫以假鹰爪和木兰科的白兰等为寄主。

潺槁木姜子

潺槁木姜子是樟科木姜子属常绿乔木，常生于海拔 500~1900 米的山地林缘、疏林灌丛中，在广东山野很常见。斑凤蝶、青凤蝶幼虫以潺槁木姜子等植物为寄主。

白花鬼针草

假鹰爪

🍵 周边游玩

走出阳台山的青山绿水，东北部不远处就有大浪商业中心和后浪新天地，游客可以在自然的宁静与商圈的繁华中自由切换。

步道故事

中国文化名人大营救

阳台山森林公园中的文化名人大营救展板

1938年,国民党开始限制共产党领导的抗日救亡运动的发展。茅盾、柳亚子、司徒慧敏等文人、学者、艺术家及爱国民主人士纷纷从内地去往香港,香港成为抗日救亡宣传活动的孤岛。

1941年12月25日,香港沦陷。众多文化界人士和爱国民主人士处境艰难。日军不仅封锁交通出口,还实行宵禁政策,在天黑之后上门搜查,这些文化人士只好不停地搬家躲藏,但又无法离开香港。在中共中央、南方局领导下,开辟了大岭山、阳台山抗日根据地的广东人民抗日游击总队(东江纵队前身)立即采取行动,建立联络站,开辟交通线,展开对文化名人的救援行动。

从1942年1月起,游击队开始实施营救计划,将文化名人和爱国民主人士扮作难民撤离香港。1月11日清晨,首批文化名人离开九龙,越过日军封锁线,于1月13日安全抵达根据地。阳台山脚下的白石龙村是文化名人在东江游击区的第一个落脚点。随着文化名人陆续撤离香港,游击队领导决定在阳台山深坑、蕉窝和杨美村的泥坑搭建草寮,帮助文化名人进行隐蔽,并在安全条件得到保障的情况下将他们转移到后方。

整个营救行动历时近200天,共从当时日本占领下的香港营救出爱国民主人士和文化精英共800余人以及英、美、印籍国际友人100余人。文化名人大营救行动大大提高了中国共产党的威望,保护了一大批文化精英,他们在革命胜利后,为社会主义建设事业做出了重要的贡献。

许多人与深圳的故事开始于深圳北站。当他们拖着行李、满怀热忱地走出这个特大型综合交通枢纽,来深奋斗的梦想就此启程。与深圳北站隔街相望的龙华环城绿道,正是以人才与奋斗为主题,以绿道之名,欢迎并致敬各路英才。

龙华环城绿道

奋斗之城的绿色表白

🧭 行走指南

当你走出高铁站,从北站中心公园出发,踏上龙华环城绿道,眼前的风景便形成了对深圳特色步道的第一印象。这条临近深圳城市窗口的特色步道,以群贤广场、求知花园、拼搏岩岭、蝶变溪谷等节点,一路体现人才会聚、培育、拼搏、奉献到收获的历程,串联出人才的奋斗故事,因此又名龙华的"人才绿道"。步道建设成熟、道路整体平坦,既可以步行也可以骑行。

龙华环城绿道风景优美、寓意深远。一路可看公园的四季草木,赏繁华的都市风景,吹吹山谷的清风,在景观节点探索成才之路,感受龙华奋斗之城的精神力量。

步道分类 城市风采

步道路线
北站中心公园北 5 门—环城绿道民治西段—玉龙路

路线长度 **4.5 千米**　**徒步时间** **1.5 小时**　**路线难度** ★☆☆☆☆

交通指引
北站中心公园北 5 门
周边公交站:深圳北汽车站、深圳北站西广场公交场站站
周边地铁站:4 号线 / 5 号线 / 6 号线深圳北站 A 口
玉龙路
周边公交站:水榭山站

北站中心公园北 5 门是步道的起终点。穿过深圳北站西广场，过条马路，向着北站中心公园地面停车场方向行走，便可看见橙红色的"北站中心公园"门型装置，由此开启徒步之旅。因背靠亚寄山，绿道途中设置了多个登山口，你也可以选择爬上山顶看更远的风景。

边走边看

北站中心公园

北站中心公园与深圳北站西广场隔路相望，是综合性的城市公园。你可以从公园内部穿行，这里有满布簕杜鹃花的环形花瀑、蜿蜒而上的空中走廊、云朵造型的云顶书吧、太空探索主题的 10 号星球乐园，还有篮球场、足球场、室外智能健身房等运动场地。

群贤广场

沿着步道前行，在公园停车场的尽头，可看见"人才绿道"的石堆装置。一路轻松上行，很快便可到达群贤广场。

群贤广场是北站中心公园的一大观景平台，在这里可以俯瞰深圳北站及北站中心公园全景。广场上设有人才绿道驿站及"湾区之心"人才书吧，书吧内可获取优质的科技文献信息资源。

群贤广场东西各有一条路，东侧从北站中心公园而上，为"改革之路"，路上设有深圳人才工作改革创新的重要年份及相关事件；西侧为登山石阶路，可从此攀登亚寄山。

群贤广场

求知花园

求知花园

穿过群贤广场,顺绿道前行,在半山腰转个弯儿便到达求知花园。正如它的名字一般,求知花园布满了人才培育的元素。一棵巨大的名为"智慧树"的凤凰木立于中心,树根处呈放射状向四周延伸形成座凳,座凳上标注着中国大学的学科及专业。环绕着"智慧树"的,是由深圳近年来建设或引进的大学信息串联成的"大学小径",一旁设有求知自然教育中心。这里还提供各类儿童游乐设施,是孩子们的探索乐园。

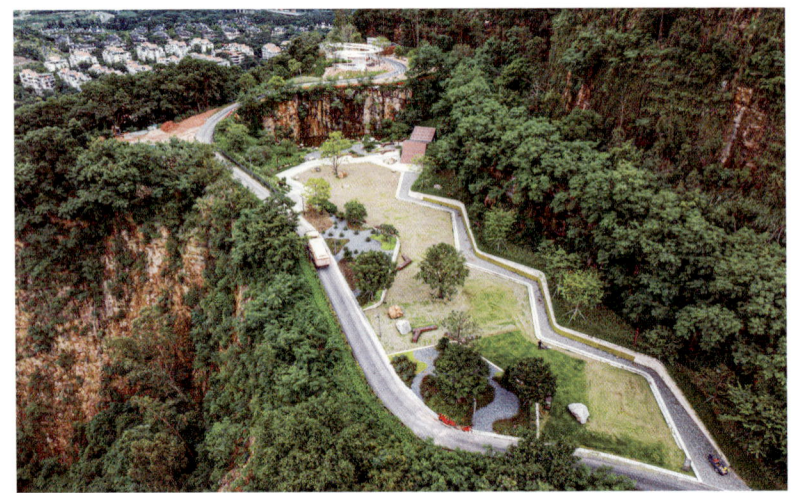

拼搏岩岭

拼搏岩岭

顺着绿道向上行走,可以抵达拼搏岩岭。这里有东荣采石场遗址,保留着岩壁景观,留下了深圳的建设记忆。在深圳快速发展的进程中,采石场对城市建设发挥了重要作用,如今崖壁水流直下,景观优美,周边环绕着深圳的奋斗标语,激励着人才拼搏前行。

蝶变溪谷

从拼搏岩岭到蝶变溪谷,是一段绝佳观景路段,这里视野开阔,可俯瞰青山与城市相融。顺着道路下行,步道环山蜿蜒,每一个弯道都藏着设计师留给游人的惊喜。当看见潺潺溪流,便来到蝶变溪谷。经过一路徒步,到这里有一种柳暗花明的喜悦。接着向前,穿过南坪快速与玉龙立交桥底,便轻松抵达终点。

步道景观

博物赏识

北站中心公园内，有一处紫荆园。此处的"紫荆"，不是植物学所指的老树生花的紫荆，而是指香港特别行政区区旗上那盛放的"紫荆"，中文学名为红花羊蹄甲。而在公园内的山坡上，也种植有很多洋紫荆，即宫粉羊蹄甲。这两种树都是深圳最常见的园林观花树种，花期长，花量大，花色亮丽。从11月紫荆花开，到春末夏初洋紫荆盛放，它们一直保持着枝叶婆娑、花开满树的美丽风姿。

红花羊蹄甲

红花羊蹄甲在深港一带被称为紫荆花，是羊蹄甲和宫粉羊蹄甲的自然杂交种。花为紫红色，不结果实，是南方最常见的行道树；花期全年，3~4月为盛花期。紫荆最早在香港被发现，是香港特别行政区区旗的图案和区花。传入台湾后，台湾人又叫它艳紫荆。

红花羊蹄甲

宫粉羊蹄甲

宫粉羊蹄甲又叫洋紫荆，花为紫红色或淡粉色，花期全年，3月最盛。深圳很多道路两侧种的行道树就是宫粉羊蹄甲。每年春至，它们迎来盛花期，沿着长长的街道一路盛放，粉嫩的颜色让整个城市春意盎然。

宫粉羊蹄甲

白花羊蹄甲

羊蹄甲属植物的叶子有个特点，就是叶子前端两裂，呈羊蹄状。在深圳除了紫荆、洋紫荆，还常能见到白花羊蹄甲，花色洁白。有些公园、道路、小区门口会选择孤植一棵，花开时节，一身素洁，有点玉树临风的飘逸之美。

白花羊蹄甲

周边游玩

龙华环城绿道周边分布着白石龙音乐主题公园、玉龙公园、南园公园等特色公园,游玩累了,也可在深圳北站缤果空间寻觅一顿美食。

步道故事

无奋斗 不龙华

提起龙华,一定离不开奋斗。

龙华是一个年轻的行政区。2011年12月30日,龙华新区在原宝安区龙华镇、观澜镇基础上成立。2017年1月7日,龙华正式挂牌成为行政区。短短十几年,龙华从偏居"关外"到定位"中轴新城",从"三来一补"到"数字经济先行区",从服务几千人到对300万人口的基层治理改革,龙华的蝶变,奋斗是主旋律。

龙华是有着红色文化历史的革命老区,开辟阳台山抗日根据地、中国文化名人大营救等历史事件就发生在这里;龙华也是一个产业大区,这里企业云集,聚集了大批外来务工人员,他们在这里挥洒汗水,追逐梦想,创造奇迹。

新时代的龙华,聚合了勠力同心的大营救精神、拓荒为家的创业人精神、拼搏追梦的打工者精神、敢打必胜的大地块精神、深入一线的行军鞋精神,让"无奋斗 不龙华"的理念深入人心。

从充满奋斗气质的龙华环城绿道走过,

奋斗者广场

平凡的你也会深受感染。如果你深入龙华的大街小巷,更是处处可受到奋斗精神的激励,"一街道一奋斗者广场"成为龙华城市人文新地标,奋斗文化已成为龙华最鲜明的底色。

第八程 坪山

山水多情 草木丰盈

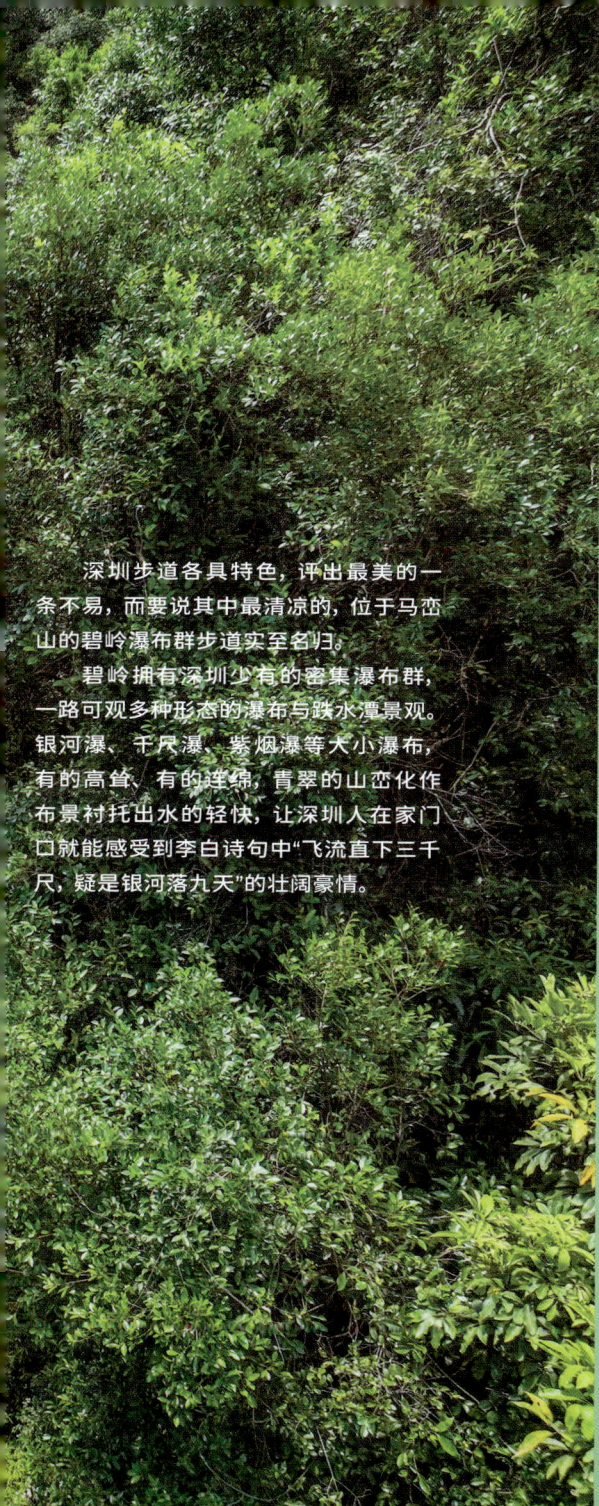

碧岭瀑布群步道

飞流直下的美景 自然研习的课堂

深圳步道各具特色,评出最美的一条不易,而要说其中最清凉的,位于马峦山的碧岭瀑布群步道实至名归。

碧岭拥有深圳少有的密集瀑布群,一路可观多种形态的瀑布与跌水潭景观。银河瀑、千尺瀑、紫烟瀑等大小瀑布,有的高耸、有的连绵,青翠的山峦化作布景衬托出水的轻快,让深圳人在家门口就能感受到李白诗句中"飞流直下三千尺,疑是银河落九天"的壮阔豪情。

行走指南

碧岭瀑布群步道总长 8.4 千米,途中多有树荫遮蔽,阴凉舒适,对体力的要求适中。步道地理位置交通便利,可根据体力选择走完全程或中途下撤,总体来说非常适合周末短途郊游或阖家游玩。

步道分类 风物景观

步道路线
马峦山郊野公园西北门—碧岭瀑布群步道—过河石桥—企鹅岭—榄核桥水库

路线长度　**8.4 千米**
徒步时间　**5 小时**
路线难度　★★★☆☆

交通指引
马峦山郊野公园西北门
周边公交站:马峦山郊野公园站、马峦山公园站

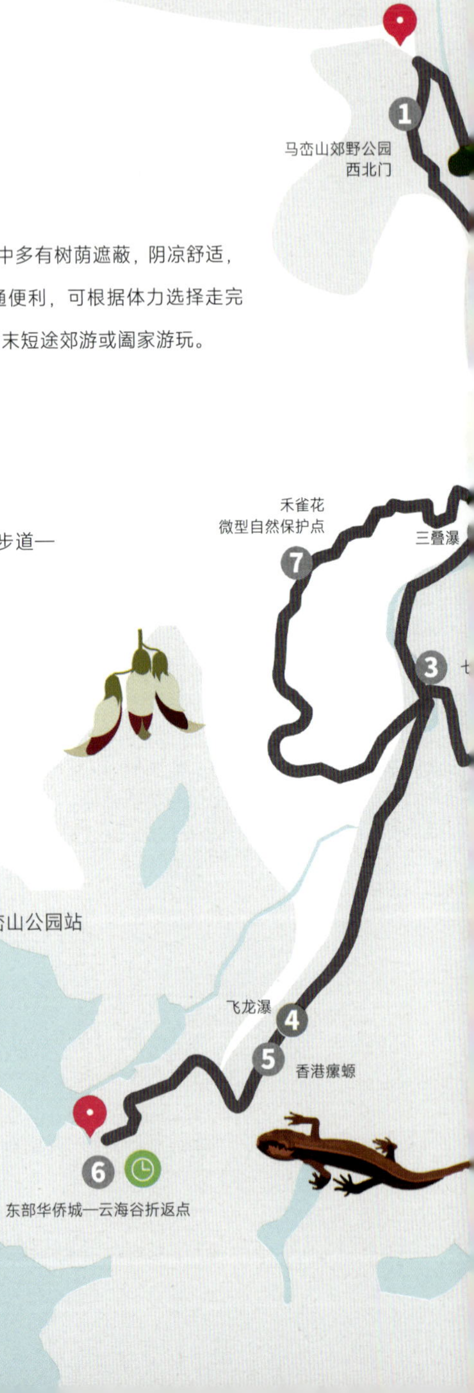

茅膏菜微型自然保护点 ⏱ ❽

榄核桥水库 ❾

特别提示

1. 拍摄瀑布景观和快乐玩水时一定要注意安全，赏瀑阶梯狭窄，拍摄时请为他人让出安全通行距离。

2. 丰水期瀑布水量大，观赏度更高，但务必关注大气情况，小心暴雨带来的山洪等自然灾害并听从景区管理。

3. 步道入口到瀑布之间的公路两边设有卫生间和母婴室，以及自动售货机等设施，可以在登山之前使用。

 休息点　　 洗手间　　 起终点

碧岭瀑布

📍 第1段 碧岭瀑布群步道

山水相遇 动静相宜

这条步道不需要顶着烈日跋山涉水：公交车直达马峦山郊野公园西北门，下车就有浓荫蔽日的自然凉意在前方等候。接下来，一路白瀑飞花、溪水叮咚，树荫与山风如影随形，更有大大小小的水潭与冷冽的山泉可以亲密接触。

进入步道入口，沿着平坦的公路行走，瀑布的轰鸣声逐渐变得隐约可闻，这段路长约1千米，正好适合登山前热身，沿途有设施完善的卫生间和母婴室，另有自动售货机方便游人补充能量。

顺着阶梯步道前行，首先遇到的是视野最开阔的三叠瀑，水流经过不同形态的山石棱角，被分散开来，像一条条纯白丝带挂在山石上。继续上行，便是更加激荡的"二叠瀑"，这里的水流较为集中，冲刷形成一处深潭。这处跌水潭被绿荫围绕，树木枝干低垂，构成一帧静谧深邃的画面，是碧岭热门打卡拍照景观。

越走峡谷越窄，树丛越密，形态各异的小瀑布和水潭若隐若现，直至"七连瀑"出现在眼前，流水与山石互相配合，错落成百转千回的小瀑布群。

接下来,一条溪流横在眼前,需要踩着石头过去。此时有几个选择:继续向前,将与飞流直下的"飞龙瀑"面对面;如果只打算短途游览,可从碧岭手作步道小环线回到起点;若已经做好徒步准备,则可以向榄核桥方向前进,游览后可从黄竹坑出口下撤,也无须走回头路。

边走边看

瀑布

我们能欣赏到壮观的碧岭瀑布,离不开深圳充沛的雨量,瀑布就像雨到山间做客后离开的身影。雨水在山涧汇合,四处寻找出口,流经之处因不断的冲刷侵蚀而变得平滑。水流直落的地方便成了瀑布,受到山石阻挡的地方则形成形态不一的水潭。山与水在碧岭溪谷交织,在大自然的鬼斧神工下共同构成今天层层叠叠、耐人寻味的瀑布群美景。

壶穴

水看似轻柔无形,却在积年累月中默默参与着地貌形态的塑造。在碧岭瀑布群步道,水的力量就在一个个奇趣景观中集中展现。除了引人瞩目的跌水潭,在瀑布下面的山岩中,还有一些大大小小的水坑,这些就是壶穴,因为"口小肚子大"像个茶壶而得名。

这些壶穴无论大小都是从小小的石缝产生的。瀑布流水不断冲刷,石缝也就慢慢变大,里面的水流形成涡流,水流中的杂质和小石子随着涡流对小坑不断打磨,小坑随着时间流逝也就一天天变大变深,成了如今的模样。

科普牌

瀑布

第 2 段 碧岭手作步道

用意在不经意之间

　　碧岭手作步道从碧岭桥处离开溪谷，拐入了密林之中。同样是上山，碧岭手作步道上找不到一块人工添置的水泥，一根未经太多雕琢的木头就是一阶。还有那些嵌入泥土的山石，刚刚好形成阶梯，仿佛很多年前就已经在这里。

　　碧岭手作步道运用15种古朴自然的工法建造，包括过渠木桥、横向U形渠、木台阶、拉绳、砌石台阶等，充分利用倒木、石块、泥土等山中天然材料加工，完美呈现"虽由人作，宛若天成"的效果。

　　沿着手作步道还可以登上视野开阔的观景台，将坪山区"半边山水半边城"的美丽风貌尽收眼底。

碧岭手作步道导览牌

安全拉绳

木头阶梯

导流横木

榄核桥水库

第3段 山河步道

山河步道 襟山带河

碧岭瀑布群步道第3段,是马峦山的"山河步道",这是坪山区远足径郊野径的试验线,也是连接马峦山和坪山河的重要生态廊道。步道全程集亲水游玩、登高徒步、自然教育多种功能于一体,沿途不仅设置了自然教育解说系统、环境解说系统、标识系统,还配套专业的自然教育课程,对步道现有生物资源、微型自然保护点、手作步道工法和科学登山技巧进行立体呈现。特别是,这段路还针对步道特有物种,设立了香港瘰螈、禾雀花、茅膏菜等的微型自然保护点,在国内尚属首次。

走完8千米的步道,就来到步道终点榄核桥水库。

榄核桥水库属于小型水库,由人工大坝和溢洪道调节水位高低。水库上方有一条季节性瀑布,夏季水量大的时候,瀑布直挂高山峡谷之中,被茂盛的植被半遮半掩,超过70米的高度差让轻柔无形的水奔流直下发出震耳欲聋的轰鸣声。

榄核桥水库距离马峦山郊野公园黄竹坑入口只有约2千米,可以轻松下撤,给这趟清凉之旅画上一个轻快的句号。

博物赏识

香港瘰螈

碧岭瀑布沿途洁净的水流为香港瘰螈提供了良好的栖息环境。香港瘰螈是深圳唯一一种原生蝾螈,它们安家有几大要素:净水、石头、水草和食物。

当天气微凉,便到了香港瘰螈的繁殖季。雄性会靠近雌性并把尾巴弯成S形不断扇动。如果雌性心仪于它,也会给出一个热烈回应,然后就可以准备繁衍大事了。香港瘰螈是国家二级保护动物,遇到可以静静观察,但严禁捕捞。

香港瘰螈

豆娘

碧岭瀑布中的石头或水边植物上经常可见豆娘停留休息。豆娘形似蜻蜓,但比蜻蜓纤弱。蜻蜓休息时翅膀会摊平,而豆娘停下来时翅膀合拢。豆娘的正式名字是螅,与蜻蜓一样都是不完全变态昆虫,卵发育成稚虫在水中生活,再上岸羽化。稚虫期虽然不及蜻蜓的水虿凶猛,但也是无肉不欢,能够控制水中的孑孓数量,让溪边少一些蚊虫侵扰。

豆娘

豆娘交配时会摆出各种奇特的姿势,甚至会"比心"。这是因为雄性豆娘的尾端有肛附器,可以夹住雌性"脖子"以固定姿势,雌性则将腹部向前卷曲以成功受精。

紫啸鸫

紫啸鸫的啸字,指的就是口哨声。它们的声音音调极高,洪亮而婉转,常常未见其鸟就已经听到歌声。这样的好嗓子,才不会被流水声盖住。山溪瀑布中树荫遮蔽、光线昏暗,紫啸鸫一身紫到发黑的羽毛在其中颇为隐蔽。当求偶季节需要表现自己时,紫啸鸫会站在光线明亮处,暗黑的羽毛便显露出了华贵的紫色,羽毛上密布的白点更让它光彩照人。

紫啸鸫

茅膏菜

茅膏菜属于食虫植物。在马峦山的土坡上,茅膏菜低调地生长着。它微不起眼,在放大镜或微距镜头里才能看清它精巧的结构——叶片布满尖刺,还仿佛挂着"露珠"。其实尖刺是它的腺毛,能分泌出露珠般的黏液。小昆虫会被黏液的气味吸引,一旦被诱惑到叶片上就会被粘住,接着被茅膏菜一点点消化掉。

山河步道段,设立有茅膏菜微型自然保护点,还有解说牌向人们展示茅膏菜的食虫秘密,提醒人们注意观察、避免踩踏。

茅膏菜

☕ 周边游玩

碧岭瀑布群步道位于马峦山郊野公园内,起点、终点都邻近公园出入口,交通十分便利。游览完瀑布美景后,可以去碧岭现代农业科技园体验一番扎染等手工和农活的乐趣,还可以采摘蔬菜、蘑菇等。碧岭街道烟火气十足,有不少老字号餐馆和农家乐,尤其客家菜别有风味。

步道故事

坪行会

手作步道由人力利用天然材料完成，目的是修建一条尽可能不打扰自然的小路。在动手的同时，它也是人们回归自然、了解自然的一次体会与思考，所以很多手作步道的建设都有公益组织或热心公益的人士参与。

那么，碧岭的手作步道是由谁修建的呢？在坪山，一个名为"坪行会"的公益组织专为修建手作步道而生，它由来自各行各业的志愿者组成，在经验丰富的手作步道专家带领下，大家利用业余时间来到山里，戴上手套，拿上简单的农具，一起把步道一段段修缮完成。

"坪行会"的志愿者们还参与认养和管护手作步道，他们对亲手修建的步道自然会格外爱惜，修路的过程也让人思考着人与自然的关系。

在深圳东部，有一条步道能让人感受到"跨过山和大海"的畅快。它像深圳山海风光凝练成的一首诗，把徒步者带离都市的喧嚣，投入到清风拂面的舒爽中，这就是"坪大诗歌步道"。这条步道从三洲田森林公园和马峦山郊野公园交界处之一的土地庙三岔口出发，一路风景变化多样，沿途还有来自深圳本土诗人和小朋友的诗歌相伴：或童稚或凝练的诗歌被做成立牌点缀在路旁，等待与路人的另一种邂逅。

坪大诗歌步道

不走寻常路 生活就成了诗

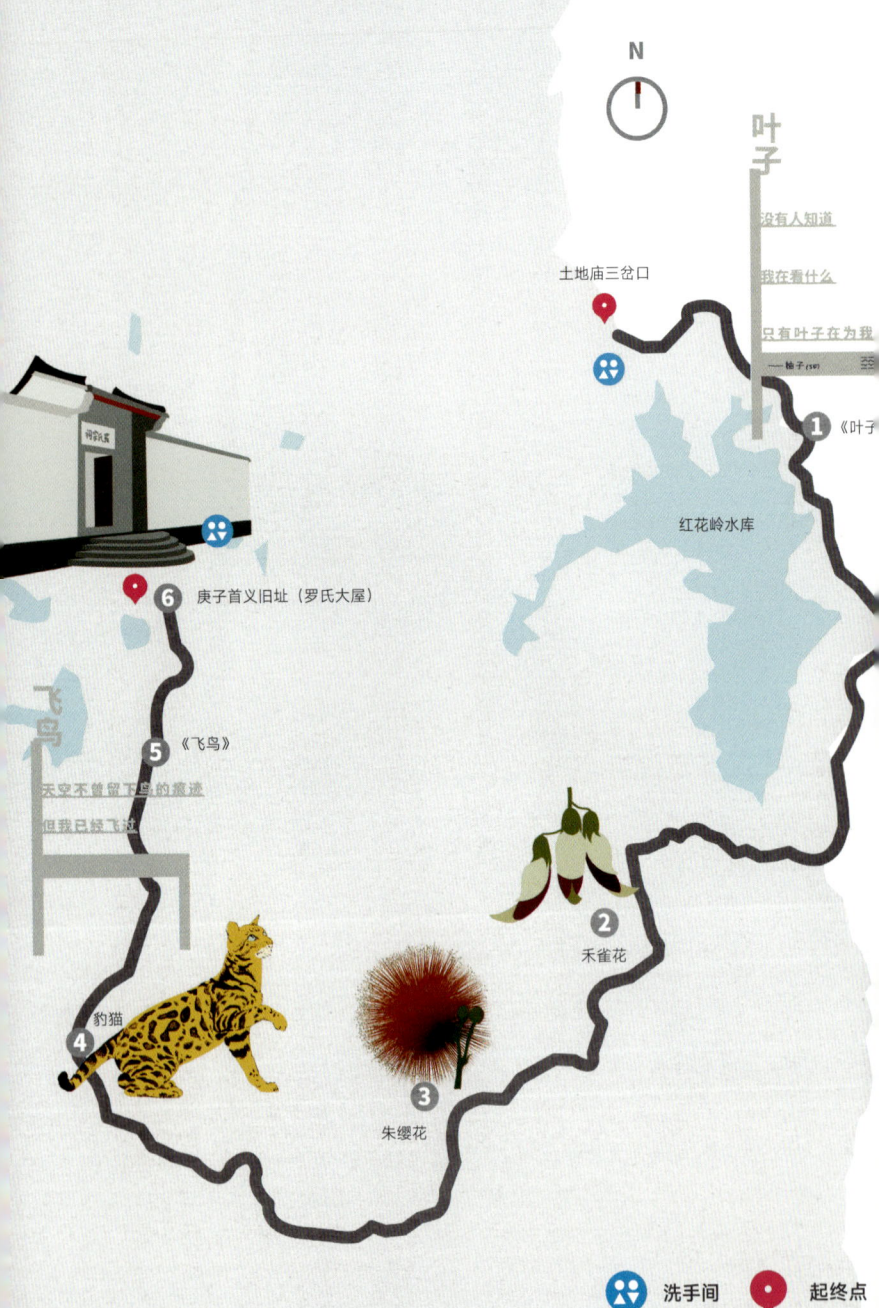

ⓥ 行走指南

坪大诗歌步道景色类型丰富多样,同时拥有山景、海景和水库风光,更有深厚的人文历史资源。步道全长 7 千米,其中手作步道部分需要攀爬,且从马峦山郊野公园北门至起点有 2.5 千米需要步行,所以走完全程需要一些体力。不过,步道大部分路面平坦且有遮阴,行走非常舒适,既适合资深驴友打卡,又适合体力较好的人群结伴游玩,多个观景点很适合拍摄人物写真或风景美图。

步道分类　　博物研习

步道路线
土地庙三岔口—红花岭水库—建和村—庚子首义旧址

路线长度　**7 千米**
徒步时间　**3 小时**
路线难度　★★★☆☆

交通指引
马峦山郊野公园北门
周边公交站：马峦山园区总站
周边地铁站：16 号线东纵纪念馆站 B 口 / 14 号线坪山围站 B 口

红花岭水库

📍 第 1 段　土地庙三岔口—红花岭水库

追风小径 与水同行

　　从三岔口拐入步道,看到"坪大诗歌步道"的导览牌,就开始踏上这趟诗歌之旅了。

　　行程从盘踞在红花岭水库边的一条骑行路开始,这条路是坪马线公路的一段,路面平坦,长约 2 千米,向森林深处蜿蜒延伸。路两边绿荫如盖,水库的湛蓝色在植被的遮掩下时隐时现。

　　红花岭水库颇有些深圳版"天池"的韵味,像从天而降的一块块圆润的蓝宝石,散落在马峦山脉连绵的峰峦之间。这里视野开阔,风也格外爽朗。骑上单车或者奔跑起来,会有种与风追逐的自由感觉。

　　风吹皱水面,也吹拂着游人的脸庞。风是这条路的主题,这条路也因此被称为"追风小径"。

🔍 边走边看

红花岭水库

  红花岭水库是深圳东部重要的水源保护地,包括红花岭水库上库、红花岭水库下库和上洞坳水库,三个水库正常蓄水位均在百米以上,相互连通供水,共同维护着深圳东部居民的用水安全。

  深圳缺少大型湖泊,又是拥有十万级人口的特大城市,是个极度缺水的城市。从 1953 年开工建设宝安县第一个蓄水工程——笔架山水库起,截至 2021 年底,深圳市共有蓄水工程 177 个,其中 30 座水库参与城市供水,驱动着深圳这座特大城市的运行。为了保证用水质量,水库及周围划定饮用水水源保护区,并采取多种手段监测水质。红花岭水库就是深圳诸多水库中的"优等生",三个水库水质均达到"优",红花岭水库下库水质更是达到地表水I类标准。

红花岭村

红花岭水库边坐落着红花岭村,已有数百年历史,但原住民早已下山居住,如今只剩散落的白墙黑瓦老房子和零星居住的居民。红花岭村由三个自然村落组成,其中一个是由罗氏家族组成的罗屋村,另外两个村里的人都姓曾,村名分别叫曾屋村和新屋村。

◎ 第 2 段　红花岭水库—建和村

山林小径　野性穿越

告别红花岭水库,视野逐渐被森林景观收窄,开阔平坦的追风小径变成林中植物盘根交错的山野小路。如果说第一段的 2 千米是让风荡涤心灵,接下来的 4.5 千米则是让山林给身心都做个疗养。

这条路既是坪大诗歌步道最有趣的一段,也是难度最大的一段,需要从海拔约 150 米爬升到海拔约 390 米,除了石阶登山道,还有古老的石板路、原木铺设的手作步道及需要攀着绳索前进的沙土路。道路依山势而修建,没有对原生形态做太多改变,走在上面仿佛在用脚触摸山的轮廓,更有贴近大自然的感觉。

当蔚蓝的天空逐渐从密林中透出,视野便逐渐开阔起来。登上山尖,可以远眺红花岭水库的一片湛蓝,更远处的山和海化作柔和的青黛色线条,展现着属于深圳的浪漫。

到此如果感到体力不足,可原路返回,到三岔口向森林步道行走,去马峦山瀑布凉爽一番,也可以往洞背方向下撤,去海边吹吹风。

马峦山上的步道标示

第3段 建和村—庚子首义旧址

建和村段 历史沉淀

走出密林,错落的客家民居映入眼帘。这里是建和村和新民村,因在辛亥革命中发挥的重要作用而得名。如今历史沉淀,光阴荏苒,再访古村已然是趣味多于沉重,轻松多于沧桑。

古村中最重要和醒目的建筑莫过于步道终点的罗氏大屋。罗氏大屋已没有原住民居住,游客步入罗氏宗祠可见深圳客家围屋的典型特征:正面开有一正门和两侧门,中轴线上为一开间的前中后三室,围墙内由三横三纵的单排屋组成。细细游览建筑里的角角落落,会被饱经风雨依然精美雅致的木雕石刻所吸引。罗氏大屋除了历史意义,还有丰富的美学价值。

罗氏大屋碉楼

边走边看

马峦老村

马峦山上散落着几个自然村:如红花岭村、新屋村、老围村、光背村、径子村和坪大诗歌步道后段会经过的建和村、新民村。

这些古村已有百年历史,先民是从内陆迁徙到这里的客家人,保留了农耕文化,在风景如画的马峦山中开垦良田、种植果树,在深山里经营起朴素又丰盈的生活。建和村、新民村的名字与其他村落风格迥异,其实这两个名字来自"建立共和"和"新三民主义"之意,村名中就印刻着历史痕迹。

罗氏大屋

罗氏大屋

坪大诗歌步道在一处古朴庄重的客家建筑终止。这里属于马峦新民村,是罗氏的祖屋及祠堂,被称为"罗氏大屋"。如今罗氏大屋墙面青苔斑驳,看起来平静而淡雅,两侧有三层高的碉楼,上面还留着弹孔,遇到开放日可以沿着咯吱作响的木阶梯攀上查看。碉楼以防卫为主,每层的正中间有一个方形小窗可供探查敌情,两边则留有孔洞用于打枪。

这里是"庚子首义"的发源地。据说当时有2000多名起义军驻扎在马峦山,罗氏先民将祖屋及祠堂给起义军做指挥部,并负担了起义军的生活。抗日战争期间,中共东江军委就是在罗氏大屋成立,东江纵队指挥部就曾设在这里。

马峦山瀑布

不似碧岭瀑布那般热门,马峦山瀑布藏于深山,少了许多热闹而多了空山幽谷的深远。瀑布位于坪大诗歌步道,从大路步入小径仍需行走一段,因而相当幽静。瀑布在丰水期流量大、水流宽,推荐春夏前来感受飞流直下的清凉和痛快。

博物赏识

马缨丹

马缨丹

在我国的入侵植物里,马缨丹算是颜值很高、观赏性很强的一种。常常一个花序上能开出好几种颜色的花,像个小小的调色盘,所以也有人叫它"五色梅"。马缨丹原产自美洲热带地区,是马鞭草科马缨丹属植物。其茎、枝均呈四方形,植株有臭味,果实圆球形,成熟时为紫黑色。

马缨丹全年开花,花色艳丽,很招蝴蝶喜欢,所以授粉结籽率也高。其种子经鸟类摄食排泄得以迅速传播。另外,马缨丹具有强烈的化感作用,会抑制周围植物生长,影响生态系统平衡,被视为世界10种最有害的杂草之一。2023年1月1日起,马缨丹被列入重点管理外来入侵物种名录。

野漆

野漆，是漆树科漆树属乔木。通常它在秋天比较显眼，因为入秋后叶子会变得鲜红。野漆原产于中国，分布于中国长江以南各省区，花黄绿色，核果斜卵形。野漆可入药，但汁液有毒，对生漆过敏者接触后会引起皮肤红肿、瘙痒，误食会有强烈刺激，甚至造成中毒性伤害。

山菅兰

夏季在马峦山上行走，常常被路边一串蓝色的植物果实吸引，圆润的果粒闪着宝石般光泽，这就是山菅兰。山菅兰是阿福花科山菅兰属多年生草本，在深圳的山野很常见，植株高可达1~2米，狭长的叶子像兰草。山菅兰花瓣白绿或青紫，并不起眼，但浆果出"色"。山菅兰的根和叶可入药，但全草具有毒性，家畜误食可致死，农村有用其茎、叶捣汁浸米作老鼠药的，所以也叫"老鼠砒"。

山菅兰

豹尺蛾

马峦山上花多蝶多，有时候，会发现一只"蝴蝶"没有落在花上，而是停在树叶上，它其实是一只很像蝴蝶的蛾子——豹尺蛾。豹尺蛾体型粗笨，通体呈杏黄色与蓝黑色斑纹，翅正反面颜色相同，看起来很霸气。豹尺蛾寄主为竹节树，成虫白天活动，飞翔能力较强。

豹尺蛾

野猪

野猪是深圳体格最大的野生哺乳动物，也是世界上分布最广的哺乳动物之一。马峦山上的巡逻人员说，有时在路上能远远看见一只母猪带着几个幼崽出来觅食。在保护野生动物的大环境下，一些地方的野猪繁殖迅速，造成了一定的危害。2023年，国家林业和草原局公布了新调整的《有重要生态、科学、社会价值的陆生野生动物名录》，其中在部分地区致害严重的野猪被调出了"三有"名录。

步道故事

梦想之城的浪漫诗意

在大多数人印象中,深圳是个创业城市,奔跑和奋斗是她的主旋律。但这个富集青春和梦想的城市,同时也是个诗意之城。这种诗意不仅是指这里有山有海、四季常青,总有美好景色可以怡情;更是因为,这里盛产诗歌和诗人,是岭南诗歌重镇,甚至在中国诗歌版图上也具有某种特殊地位。

诗歌是个体情感的抒发,更是时代洪流的映射。作为中国改革开放的前沿,深圳律动着最为鲜活的思想与情感,涌现出大批与时代同频共振的诗人。

20世纪90年代以来,随着劳务工南下浪潮,大批打工者涌入热火朝天建设中的深圳,"打工诗歌"应运而生,成为当时重要的创作潮流与文化现象之一。谢湘南、郭金牛、程鹏、蒋志武等不同代际的一批打工诗人接连涌现,个人的命运与城市的发展交叠呼应,成为一个时代特定的印记与回声。

随着时代的变化,深圳诗歌的内容、风格呈现出丰富多元的气象。围绕着"诗歌人间""第一朗读"、《诗生活》《打工文学》《特区文学·诗》《边缘》《深圳诗人》《深圳诗刊》《诗深圳》《大象诗志》《飞地》《白诗歌》《羊台山》《打铁》《好汉坡诗刊》等多层次文艺载体活跃着多个诗人群体。在深圳,写诗的人数以万计。

在这个忙碌的快节奏城市,诗情无处

诗歌牌

不在,创新无处不在。诗剧场、诗文歌会、公益诗歌节、童诗创作大赛、海洋诗歌季等缤纷多彩的活动,让平凡生活变得丰盈而浪漫。坪大诗歌步道两侧陈列的诗,就是深圳的诗人们写给自然的诗歌,在徐徐山风中显示着这座城市别样的诗意。

坪盐赏梅步道

踏访马峦山最早的春天

坪盐赏梅步道是马峦山众多步道里兼具田园风貌与文艺气质的一条。步道在坪山与盐田的交界处，以马峦山梅亭为核心点，周边老村环绕，梅林连绵。每年1月前后，万株梅花次第绽放，漫步其中，可赏千亩梅园，看山海风光，感受深圳山野里最早的春日消息。

行走指南

坪盐赏梅步道的起终点分别是庚子首义旧址和梅亭,横跨马峦山和三洲田两个郊野公园,因为两头都在马峦山上,所以来去必定与另一条路衔接,从大小梅沙入口上行距离较近。

梅亭是赏梅步道的核心点。向西环绕光背村、老围村及高圳水库,有大片的梅林;穿过梅林向北经过一条古道可以到径子村,与禾雀花步道连接;向东则可以走半山的大路或山谷里的手作步道到庚子首义旧址。

梅亭周边,是赏梅核心区,道路以土路为主,规整又不失自然,连接着附近的光背村、老围村等传统村落,可以在赏梅的同时寻访客家村落的原始样貌。另外,步道沿途还立有有关梅花的 30 多个自然研习科普牌,有诗歌,也有博物知识。

步道两旁的梅花林

边走边看

高圳水库

从梅亭北望,可见一片清凉水域,那便是高圳水库。这座建成于 1976 年的小型水库,主要功能是防洪,保护下游建和村、新民村等一众村落。而今,水库周边梅花萦绕,花香蝶舞,成为梅园中的一道灵秀风光。

步道分类	风物景观
步道路线	马峦山梅亭—坪盐赏梅步道—庚子首义旧址

路线长度 **9 千米**

徒步时间 **3 小时**

路线难度 ★★★☆☆

交通指引

此步道起终点均位于马峦山上，目前尚无公共交通接驳。

老围村

　　老围村是马峦山最老的围村，原名"嶂顶村"，最早是在清雍正二年（1724 年）由陈姓先祖陈可泰三兄弟沿路上山建成。老围村的建筑多为土木石结构，灰白色的客家民居约有 60 多座。其中陈氏宗祠面积约 150 平方米，呈两进一天井三间房的传统格局。

梅亭

梅亭是登高赏梅的绝佳去处。朱红色的栏杆,青蓝色的飞檐,都显出一种古意。登上梅亭,可以近赏梅园花海,远眺小梅沙山海风光,而从梅林深处眺望梅亭,也是一道画中风景。

梅亭

🌺 博物赏识

梅树在中国栽培历史悠久,品种繁多,分为果梅和花梅两大类。果梅主要供食用和药用,花梅用于观赏。

江梅

江梅是一种古老的梅花品种。花为单瓣,花瓣为倒卵形,花萼通常为红褐色,花瓣较小而花丝较长,可形成长须的优美花型。通常以白瓣、黄蕊居多,花色如雪,有浓郁花香。

江梅

绿萼梅

花萼为绿色，花瓣为碟形，花色洁白，香气浓郁，有单瓣、重瓣和复瓣之分，花期为2~3月份，属于梅花珍品。

朱砂梅

朱砂梅，先叶开花，花瓣为紫红色，花丝为淡红色，花萼为绛紫色，香味较浓。有单瓣、重瓣或半重瓣，花期为2~3月初。朱砂梅新生小枝木质部为深红色，即人们所说的"骨里红"。

美人梅

美人梅是宫粉梅和紫叶李的杂交选育品种。枝、叶似紫叶李，叶常年呈紫红色。花有香味，重瓣，花色淡紫红。花梗较长，呈垂丝状。美人梅花期较晚，花叶同放，抗寒性强。

宫粉梅

花瓣为粉红至大红色，花萼绛紫色。开花繁密，具有浓香。花期为2~3月，有复瓣或重瓣。

绿萼梅

朱砂梅

美人梅

宫粉梅

步道故事

岭南与梅

《西洲曲》中说"折梅寄江北"。在北方还是一片肃杀的时候,南方枝头的梅花已经俊俏绽放,报告春天的消息了。

梅原产于中国,是我国传统的十大名花之一,已有3000多年栽培历史,主要栽植区为长江流域。地处岭南的广东,每年元旦之前便有梅花开放,故有"岭南春来早,梅开第一枝"之说。屈大均在《广东新语》中也说:"梅花惟岭南最早。"

岭南最有名的赏梅地是粤北南雄的梅关古道,这里是全国四大赏梅胜地之一,据说是用越王勾践的后代梅鋗从江南带来的梅树繁殖的。唐玄宗时期,宰相张九龄奉命在赣粤交界的大庾岭上开通驿道,道旁广栽梅树。往来诗人在此留下了1000多首咏梅诗句。宋代大诗人苏东坡被贬岭南时,写下《赠岭上梅》:"梅花开尽百花开,过尽行人君不来。不趁青梅尝煮酒,要看细雨熟黄梅。"宋之问则写道:"明朝望乡处,应见陇头梅。"陇头即岭头。

萝岗的梅花也很有名,"萝岗香雪"有"羊城八景"之称,这里引种的梅树有4000多株。流溪河国家森林公园也种有梅树3000多亩,暗香浮动,蔚然成林。

从20世纪90年代开始,马峦山就开始广植梅树,种下10万余株适合本地生长的青梅,此后年年精心养护,渐成气候。这里的梅花以白色的江梅为主,花开似雪,清香幽雅。此外,还有宫粉、绿萼、朱砂

诗词装置

等不同颜色的品种,马峦山从此成为深圳人的赏梅胜地,也是岭南具有一定规模的赏梅景点之一。

禾雀花步道

枝头春意闹 人间春正好

在坪山的山山水水之间,纵横交错着数十条研习步道,它们像人类触摸自然的温柔手臂,感受着大地的呼吸,打量着多彩的生命,书写着人与自然同生共荣的故事。禾雀花步道是坪山区野生禾雀花数量最多、分布最密集的区域,鲜明的特色让它成为春日山野最美踏青步道之一。禾雀花花开时节,层层叠叠,如群鸟欢闹。沿步道行走,一路有泉流飞瀑,古村老树,环境非常清幽宜人。

🧭 行走指南

禾雀花步道全长6.5千米,从马峦山郊野公园黄竹坑出入口平缓而上,一路抵达庚子首义旧址。步道为水泥路,坡度和缓,指示清晰,大部分路段有树荫遮蔽,溪流淙淙,山风习习,途中可观赏水库、瀑布、古村和博物知识牌。全程悠闲舒适,适宜全年龄段游玩。

禾雀花步道最美的时候是2~4月,为禾雀花盛花期;5~11月能看到禾雀花"大豆荚"果实。步道中途设有10处禾雀花观赏点,除禾雀花外,其他动植物也非常丰富,边走边学,可以轻松抵达步道的终点庚子首义旧址。

马峦山步道网纵横交织,榄核桥水库至庚子首义旧址段为禾雀花步道与深圳远足径重合路段。如果体力充沛,可以跟随指示牌,从步道多个岔路口转向山河步道、碧岭瀑布群步道、坪盐赏梅步道、红花岭乡土植物步道、坪山森林步道等,不同步道不同体验,都是马峦山大好风景。

禾雀花步道

[禾雀花步道] 295

步道分类 风物景观

步道路线

马峦山郊野公园黄竹坑入口—榄核桥水库—径子村—上下肚水库—庚子首义旧址

路线长度 6.5 千米　**徒步时间 2.5 小时**

路线难度 ★☆☆☆☆

交通指引

马峦山郊野公园黄竹坑入口

周边公交站：黄竹坑站

周边地铁站：14 号线锦龙站 D 口

禾雀花步道的科普牌

🔍 边走边看

榄核桥水库

马峦山水多、瀑布多、水库多。从黄竹坑出入口上行约 1.4 千米，便是榄核桥水库。水库建于 1970 年，总库容为 6.47 万立方米，主要功能为防洪。对于游客来说，这里是一个风光优美的休憩点，水清如镜，山间有瀑布如带飞落，蜂飞蝶舞，环境清幽。

径子村

从榄核桥水库前行约 1.2 千米，就到了径子村。村口是一处禾雀花观赏点，路旁老藤遒劲，桥下溪流潺潺。进村可以先看到两

径子村

棵百年古樟树，一左一右形似迎客。径子村属客家村落，目前已无人长期居住，一座座老屋在山风里默默伫立，讲述着时光流转的光阴故事。据说，偶尔会有村民回来喝茶休憩，静享山林间的慢时光。

从径子村还可转入坪盐赏梅步道，走小路直达梅亭，进而前往大小梅沙。

上下肚水库

继续前行约 1.7 千米，可以抵达上下肚水库。这个建于 1978 年的水库，总库容为 105.73 万立方米，主要为防洪而建，也是坪山区居民生活用水的来源之一。上下肚水库视野开阔，周边树木茂盛，风景优美。

强华学校

抵达庚子首义旧址便到了步道的终点。庚子首义旧址罗氏宗祠旁边有一座小楼，上有孙中山先生亲笔题字：强华学校。罗氏大屋是"庚子首义"的爆发处。后起义失败，清兵在此大肆镇压起义勇士。直至辛亥革命成功，孙中山先生为告慰起义英灵，为

上下肚水库

强华学校

这里一所小学题写校名"强华学校"。这所学校很长时间里是马峦山唯一的学校，直至 1982 年才搬迁到山下。

ⓘ 下撤路线

庚子首义旧址是禾雀花步道终点，也是马峦山上多条步道的交会处。从这里下山有几个方向，可以根据目的地选择。

1. 原路返回至黄竹坑出入口（约 6 千米，2 小时）；
2. 沿坪马线方向步行至马峦山郊野公园北门（约 3.6 千米，50 分钟）
3. 向西走坪盐赏梅步道，约 2 千米到梅亭。从这里走叠翠湖郊野径可到达小梅沙；或向正南方沿坪马线公路步行至大梅沙公交站（约 11.6 千米，2.5 小时）。

白花油麻藤

🌸 博物赏识

禾雀花

禾雀花是豆科油麻藤属（黧豆属）多种植物花朵的总称。我们常见的是白花油麻藤，花朵呈淡雅的黄绿色。禾雀花花形独特，其旗瓣、翼瓣、龙骨瓣分别像雀鸟的头、翅、尾，一串串挂在茎上，远看就像成群雀鸟聚集在树下，故称"禾雀花"。每年二三月间，攀缠在山林里的老藤开出串串密集的花朵，让岭南山山岭岭春意盎然。除了白花油麻藤，我们常见的还有常春油麻藤、大果油麻藤以及各种园艺栽培品种。在深圳除了马峦山，梅林二线关步道、东湖公园等地都能看到禾雀花。

常春油麻藤

大果油麻藤

柯

柯是壳斗科柯属乔木。壳斗科植物的果实大多戴着一顶小帽子，我们最熟悉的就是"橡子"。柯的果实为碟状或浅碗状，鳞片三角形，9~10月开花，翌年秋季结果。柯产于秦岭以南各地，喜温暖湿润的气候，深圳山岭常见。

柯

红叶藤

红叶藤是牛栓藤科红叶藤属攀援灌木，在华南山岭间非常常见。奇数羽状复叶，圆锥花序，花期4~10月，果期5月至翌年3月。行走在苍翠的山野间，有时会被绿树丛中一抹艳丽的红色吸引，那便是红叶藤鲜红的嫩叶。

红叶藤

毛麝香

禾雀花步道边的草丛里，开着各种各样的野花。夏天常见的是毛麝香。毛麝香是车前科毛麝香属草本，开蓝紫色的小花，上唇卵圆形，下唇三裂。毛麝香的叶子揉之有香味，据《岭南采药录》记载，毛麝香"枝叶根皮，皆含芳香之气，能引药透入肌肤，颇有麝香之功用，故名"。

毛麝香

赤腹松鼠

赤腹松鼠是禾雀花的传粉动物之一，长着一双小而圆的耳朵，爪子锐利带钩，因胸腹部及四肢内侧为锈红色或棕红色而得名。赤腹松鼠栖居于热带、亚热带丛林，喜欢早晚活动，以植物果实和树皮为食。

赤腹松鼠

⚑ 步道故事
禾雀花与禾花雀

形似鸟雀的禾雀花，很容易让人联想到和它名字相似的一种鸟——禾花雀。这种因人类的捕杀而濒临灭绝的鸟曾一度成为舆论关注的焦点。

禾花雀中文学名黄胸鹀，是雀形目鹀科鹀属鸟类。黄胸鹀广泛分布于欧亚大陆，夏季在那里繁殖，秋季南下我国南方及东南亚等地越冬，是一种体型娇小的候鸟，常栖息于低山丘陵至平原灌丛、河谷，以昆虫和农作物种实为食，尤其喜欢扬花后刚刚灌浆的青稻米，所以得名"禾花雀"。

几十年前，禾花雀还是一种数量很多、像麻雀一样成群结队的普通鸟类，而且它们繁殖力很强，每窝能产四五只蛋。尽管它们在农民的眼中是偷吃粮食的"害鸟"，人们也从未想过有一天它们会从稻田里消失。直到20世纪90年代，广东地区忽然流行吃禾花雀"食补"，有些地方还举办过"禾花雀美食节"，成千上万只禾花雀在迁徙途中变成人们桌上的美味。而且，随着鸟儿数量减少，价格也变得越高，人们不惜跨省捕猎，2001年，在从天津开往广东的火车上曾查获超过10万只禾花雀。

2004年，欧洲等地的观察者发现，这种常见的鸟变得非常稀少。同年，世界自然保护联盟（IUCN）红色名录将其列为易危物种。接下来的几年，情况急剧恶化：2013年，禾花雀被列入濒危物种；2017年升级为极危。

禾花雀

由德国、英国、俄罗斯、芬兰和日本的科学家共同撰写的一篇论文指出，黄胸鹀的数量自1980年以来大幅减少90%，逐渐消失在东欧、日本及俄罗斯的多数地区。人们开始为这种鸟儿的命运担忧。

我国在1997年就明确禁止捕杀禾花雀，2021年将其列为我国一级重点保护野生动物，人类终于开始反省自己的贪婪对自然界造成的恶劣影响。值得欣慰的是，经过近两年的宣传与保护，有记录表明越来越多禾花雀回到人们的视野之中。

光明

科技之光　自然森长

大顶岭绿道位于大顶岭山林公园内,因为三座颇具科技与设计感的桥而成为网红打卡点。绿道融合了山、湖、田、林景观,串联起繁华都市与自然生态,置身其中,感受微风拂面,深呼吸夹杂着植物芳香的空气,远眺森林旁光明科学城的高楼,目之所及都是人与自然和谐共生之景。

大顶岭绿道

在科学新城「桥」见自然

行走指南

大顶岭绿道路面平坦,建设成熟,全程设有多个保安岗亭、驿站、指示牌,大部分路段绿树成荫,适宜全年龄段徒步游玩。因绿道有多个陡坡和急转弯,累计爬升约170米,如果你选择骑行,对体力是个不小的挑战。

绿道沿途有浮桥、探桥、悬桥三大观景台,三座桥特色各异,风景不一,是该路线最大的看点。

步道分类　　风物景观

步道路线

大顶岭绿道滑草场出入口—浮桥—探桥—悬桥—大顶岭绿道观光路出入口

路线长度 **6.3千米**　**徒步时间** **2.5小时**　**路线难度**　★★☆☆☆

交通指引

大顶岭绿道滑草场出入口
周边公交站:光明农场大观园站、光明滑草场站
周边地铁站:6号线光明大街站B口
大顶岭绿道观光路出入口
周边公交站:育新学校站、观光路口站
周边高铁站:光明城站

第1段
滑草场出入口—探桥

林中别有天地

在光明滑草游乐园门口可以看见大顶岭绿道的指示牌,对面即是大顶岭山林公园。这里是大顶岭登山台阶道与绿道的分岔口,大顶岭绿道入口为右侧的平坦道路,前行看见保安岗亭即为绿道的入口。

刚走上大顶岭绿道,面对着的就是长长的上坡路,沿途可见路面铺设成花朵的形状,细心观察,还可看见路旁的科普立牌。看看风景、学学知识,很快就可以看见由三个圆环构成的浮桥。

沿着山坡徐徐而上,你可以在木头长椅上休息片刻,看趣味墙绘与树林融为一体。在这里会遇见郊野径的入口,铺满石头的手作步道通往山顶。俯瞰树林间可见巨大球拍形状的桥,就到了探桥。你可以继续前行,也可以顺着阶梯下行,走上探桥欣赏风景。

边走边看

浮桥

浮桥为悬浮在森林峡谷的步道,由简洁时尚的三个圆环构成。桥面为不锈钢格栅及太阳能板,科技及运动感十足。登上浮桥,可欣赏山谷风光。夜幕降临,"黑科技"太阳能灯将会发光,照亮四周。行走于此,仿佛能感受浮在云上的飘逸。

探桥

探桥是山林低处临水而建的环湖栈道,形如球拍。中间由尼龙绳构成的攀爬网可供孩子游玩,环绕四周的座椅与桥融为一体。你可以在水潭边看摇曳的草,享静谧的风;上方的绿道有行人穿梭,互不干扰。

[大顶岭绿道] 307

浮桥

探桥

悬桥与虹桥

第2段 探桥—悬桥

向着城市行走

沿着步道继续行走,身旁的风景除了茂密的树林,偶尔在树叶缝隙中会看见远处光明中心区的高楼,意味着这是向城市而行的方向。

突然,一抹红打破了眼前的蓝绿风景,高耸的观景塔闯入眼帘,这便是虹桥公园的终点塔,也是绿道的中间站。登上终点塔可以看见远处蜿蜒曲折的虹桥,你可以从终点塔顺着虹桥行走约4千米下山。如果继续顺着大顶岭绿道前行,不远处便是悬桥,城市越来越近,风景也愈加丰富。走上悬桥,看城景、山景于眼前汇合,偶尔还可看见远处的高铁呼啸而过。

豹猫驿站

边走边看

虹桥公园

虹桥公园以4千米的红色空中栈桥贯穿城市、碧眼水库、森林,连接新城公园、大顶岭绿道,这座虹桥是中国国内第二大钢结构单柱多曲景观桥。入口区的螺旋梯、红色屋顶台阶是网红打卡点。还有众多运动场地可供市民休闲,碧湖区的运动场满足多种运动需求;至森林区则能感受人在桥上、林在身边的和谐之美。

悬桥

悬桥悬挂于山谷两峰之间,通透的栏杆、坚实的桥面,还有风铃奏响风的乐章。在悬桥上行走,桥面回应着脚步,能清晰地感受到桥梁的脉动。在这里可以一路观城景、山景,看虹桥贯穿森林,俯瞰桥下驿站外的宁静时光。

虹桥公园终点塔

第3段 悬桥—观光路出入口

与自然交个朋友

越靠近观光路旅途越轻松，下坡越省力，两旁的自然科普牌也越丰富，为这条路线平添了不少趣味。手绘的动植物带着它们的"前世今生"——呈现，更有趣的是这些立牌做成了可以互动的形式，翻书、配对、拨片、立体造型……足以让孩子在这里快乐地上一堂自然课。

途中路过南驿站及瞭望塔，可以稍作休整。小心地走过一段较陡的下坡路，一块宽广的草地映入眼帘，草地一头是大顶岭自然教育中心。沿着草坪边下坡，便可从观光路出入口走出大顶岭绿道。

科普牌

🔍 边走边看

大顶岭自然教育中心

大顶岭自然教育中心的学习路线从科学城展示中心一路延伸至观光路,沿途自然景观及动植物丰富,设置了多个观察点,让孩子在实践体验中亲近自然,了解自然。

自然教育中心前的大草坪,不时地会举行露营活动。下午草地上布满了天幕,孩子们肆意奔跑,晚上星星灯亮起,音乐爱好者在这里放歌。城市就在眼前,但此刻心却在林间。

大顶岭自然教育中心

🌸 博物赏识

木油桐

木油桐

春季来到大顶岭绿道,你可以看到两侧白花簇簇,纷飞似雪,这就是木油桐开花了。木油桐种子含油率很高,是重要的工业油料植物。

海芋

海芋,是中国华南、西南等地常见的天南星科植物,因能够净化空气、易成活,常被人养于室内。在湿润天气,露水会顺着叶边流下,如观音洒下的甘露,因此也称为滴水观音。

盐肤木

盐肤木是我国常见的树种,多生长于海拔 170~2700 米的向阳山坡。每年 8 月之后,盐肤木就会结出黄豆大小的果实,周边裹着一层"盐"。盐肤木果实可以直接食用,晒干了能制成"植物盐"。

波罗蜜

波罗蜜是世界上最大最重的水果,因香味四溢,果味极佳,有"热带水果皇后"之称。

海芋

盐肤木

波罗蜜

八声杜鹃与长尾缝叶莺

八声杜鹃会把卵生在长尾缝叶莺的巢里,让长尾缝叶莺孵化并养育它们。如果长尾缝叶莺的孩子没出壳或刚出生,可能就会被八声杜鹃成鸟吃掉,这是自然界常见的"巢寄生"现象。

八声杜鹃

长尾缝叶莺

周边游玩

大顶岭绿道滑草场出入口周边有光明农场大观园、光明滑草游乐园、百花谷、光明欢乐田园等自然生态景区,是亲子出行的好去处。你也可以去欢乐公社的光明招待所,品尝光明三宝——乳鸽、玉米、牛初乳。

步道观光路出入口则毗邻光明城高铁站,沿着观光路西行,可以去光明文化艺术中心,也可以去蓝鲸世界或万达广场寻觅美食。

步道故事

在自然里书写科学的故事

大顶岭绿道位于光明科学城,这个以建设"世界一流科学城"为目标的科学园区,在规划之初,"绿色"就是一个重要的命题。规划将自然生态环境和人的生活需求相结合,让科学城不仅是科学研究的沃土,也成为科学家的宜居家园,让高品质的生态环境与公共活动空间为科学家提供源源不断的灵感。

在光明科学城,你可以看见科学家在公园内思考与交流,在自然中探寻科学与生态的融合。行走在光明,可以深刻地感受到,自然生态与城市发展正一路同行。

光明图书馆的螺旋阶梯

光明文化艺术中心

左岸科技公园一角

虹桥步道

森林中的红飘带

虹桥公园是深圳高人气公园,也是光明的新标志。公园内的虹桥如红飘带般,飘荡在光明的青山绿水间,将新城公园、虹桥公园、大顶岭山林公园串联成完整的城市生态片区。虹桥步道沿虹桥而上,一路穿过城市、湖泊、森林,在这里你可以俯瞰光明科学城的繁华,感受多元运动的活力,静享森林的清幽。

虹桥公园

行走指南

虹桥步道以虹桥公园西北出入口为起点,顺着虹桥向上而行。虹桥蜿蜒4千米,宽5米,平均高度8米,是全国第二大钢结构单柱多曲景观桥,桥面设计为5%的坡度,路面起伏和缓,可无障碍通行。步道途经虹桥公园入口运动区,从观湖入林的碧湖运动区开始爬升,再穿行于森林运动区,在大自然的天然氧吧里深呼吸。行走在这条步道之上,是一次由城入林的旅行。

在这里,游玩也有多重选择。赏景就走虹桥,从碧湖运动区到森林运动区,虹桥上每隔500米就设有清晰的标识,按着道路标识,可轻松到达终点塔;想要运动或是休憩,可以在中途沿着台阶走下虹桥,在运动场、在湖边、在山谷、在森林,寻找一个地方休息;走绿道,可以从终点塔直接迈上大顶岭绿道,开启一段新的旅途。

边走边看

入口运动区

虹桥公园的入口运动区是开放式的运动广场,虹桥仿佛是悬空的观景廊道。不论是从马路对面的新城公园、游客服务中心的屋顶红台阶,还是停车场的旋转斜坡等,都可以走上虹桥。

[虹桥步道] 317

步道分类 风物景观

步道路线 虹桥公园西北出入口—虹桥—虹桥终点塔

交通指引

虹桥公园西北出入口

周边公交站：虹桥公园站、光明群众体育中心站、竹韵公园站

周边地铁站：6 号线凤凰城站 B 口

路线长度 **4 千米**

徒步时间 **1 小时**

路线难度 ★☆☆☆☆

入口运动区设置了滑板公园、篮球场、网球场、排球场等各类运动场所。沿着虹桥前行，还可以路过儿童游玩区，热爱运动的人都可在这里找到一方天地。

入口运动区

碧湖运动区

穿过一个桥洞,就可以看见虹桥穿行林中、蜿蜒而上的胜景。这里有一汪湛蓝的碧湖,长 2.5 千米的跑道环湖而建,周边分布着 BMX 障碍赛场地、车模赛场、滑板运动场、BMX 自由式运动场,用以举办国际体育赛事。你可以在这里体验潮流的运动,也可以登上全景塔,眺望光明城区天际线。不远处,虹桥自然教育中心自然课程、特色展览轮番启幕。

碧湖运动区

森林运动区

行走在森林运动区,眼前只有天空蓝、森林绿、虹桥红。这里可以远眺光明科学城的繁华,近看万绿丛中红飘带的美景,途中随处可见驻足拍照的游人。桥下的光明高尔夫球会在清静中传来一丝热闹;桥下的驿站,是森林里的秘境。如果是傍晚前来,虹桥布满灯光,别有风采,远处的夕阳映照着城市,幽静感油然而生。

想在森林区探秘,你可以走下虹桥,这里还设有郊野径可供喜欢爬山的游客前来探索,光明区生物多样性科普廊道就设在郊野径中,走走停停,还能学习到国家重点保护动植物的科普知识。

终点塔

终点塔连接虹桥与大顶岭绿道，是步道的终点，也是最高点。登上终点塔，可以俯瞰光明科学城的大美风光。

终点塔处可以看到清晰的路牌，在这里你可以选择下撤路线，往左侧前行 3.6 千米，从大顶岭绿道的起点光明滑草场出；往右侧前行 2.82 千米，从大顶岭绿道的终点观光路出口出；也可以选择行走 4 千米，从虹桥原路返回。

博物赏识

猕猴

猕猴主要栖息在石山峭壁、溪旁沟谷和江河岸边的密林中或疏林岩山上，群居，是国家二级保护野生动物。2023 年 4 月，虹桥公园首次发现野生猕猴。

仙八色鸫

仙八色鸫是雀形目八色鸫科八色鸫属鸟类，是一种中等体型的鸟类，体长约 20 厘米。因全身羽毛有八种颜色而得名，又称"鸟中仙女"。仙八色鸫全球种群数量不到 1 万只，是珍贵的观赏鸟类和食虫益鸟，被列为国家二级保护野生动物。

白胸翡翠

白胸翡翠是佛法僧目翠鸟科翡翠属鸟类，又称白喉翠鸟。体型中等，成鸟体长 26~30 厘米，以昆虫为主要食料，常见在松林中捕食松毛虫，对保护森林起到一定作用，是国家二级保护野生动物。

猕猴

白胸翡翠

周边游玩

虹桥公园连接着城市与森林,西侧可以前往新城公园、光明文化艺术中心、蓝鲸世界,感受光明中心城区的繁华;东侧与大顶岭山林公园相连,可以前往光明滑草场、光明农场大观园来一趟田园之旅。

步道故事

在自然教育中了解自然

虹桥公园自然教育中心

深圳自然条件得天独厚,经生物多样性初步调查,截至2022年底,记录了野生维管植物2173种,本土陆域野生脊椎动物651种。随着生态文明理念深入人心,体验自然、尊重自然、保护自然,已成为一种共识。

在自然教育方面,深圳起步早、基础好、发展快,是内地最早由政府推动自然教育的城市,也是内地自然教育的重要起源地。2014年1月,深圳挂牌成立国内第一所自然学校——华侨城湿地自然学校,依托红树林资源,组建志愿者队伍,开发自然课程,为市民提供自然教育活动。2015年,深圳启动"国家森林城市"创建,进一步加大自然教育活动的推广力度。2022年,深圳已建有38个自然教育中心、22所自然学校。

入则繁华,出则自然。深圳正全力打造"自然教育之城",一系列自然教育学校的建立和自然教育活动的开展,是每位市民了解、体验、参与深圳生态文明建设的桥梁。

明湖蓝桥步道

国际汽车城旁的城市营地

明湖蓝桥步道为明湖城市公园的内部路，位于光明国际汽车城东侧，因其蓝白配色的空中栈桥成为光明区以桥闻名的都市休闲娱乐地之一。建设之初，明湖城市公园便作为汽车城的项目配套而规划建设，因而步道沿途可见多个汽车主题的景观小品、体验多样汽车主题活动，行走其间，将深刻地感受到光明的产业发展与城区蝶变。

林冠蓝桥

ⓥ 行走指南

明湖蓝桥步道全长约2.2千米，途中可见"乐山、悦水、醉林、享田、观湖、赏草、溜沙"明湖七境的主题亮点，步道整体平坦易行，适宜全家休闲出游。

从明月广场进入，顺着绿道向南前行很快可以到达蓝桥。以蓝桥为界，明湖蓝桥步道可清晰地分为两个区域，北侧广场连着山丘、绿草伴着荔林，天气好时，各类活动精彩上演，露营的帐篷和野餐垫布满草地，儿童乐园、篮球场、网球场，处处充满欢声笑语；而南侧步道沿途可观鹭鸟、赏荷花、等落日，沿途有石头栈桥，行走其间让人心旷神怡。两侧一动一静，皆为风景。

路线长度 **2.2 千米**　徒步时间 **1 小时**　路线难度 ★☆☆☆☆

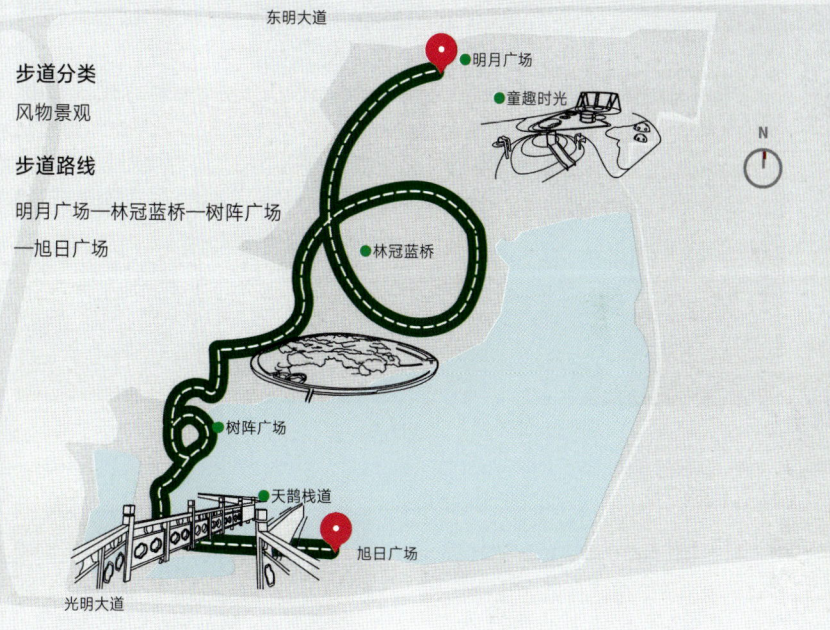

步道分类
风物景观

步道路线
明月广场—林冠蓝桥—树阵广场—旭日广场

交通指引

明月广场
周边公交站：光明国际汽车城正门站、万丰工业区北站

旭日广场
周边公交站：明湖公园站、明湖公园东站

🔍 边走边看

童趣时光

明月广场东侧的"童趣时光"是儿童的梦幻天堂，这里以飞机造型"出圈"，白色沙池、秋千、转盘、山洞、平衡木、弹跳网……各种儿童游乐设施应有尽有。每到节假日及周末，家长带着孩子，孩子拎着小桶和铲子，在这里享受童趣时光。

童趣时光

林冠蓝桥

明湖蓝桥步道的名字取自明湖城市公园内的"林冠蓝桥"景点，600米长的环形蓝色云桥在葱郁的荔林中格外显眼，蓝桥栏杆上布置着以车牌为装饰的文化装置。踏上蓝桥绕行一周，山风和煦、满目苍翠，俯瞰绿道上散步的游人，聆听儿童的欢声笑语，远眺白鹭展翅飞掠水面，周边安静又遍布生活的气息。

星辰云台

蓝桥的南端向外延伸出一个观景平台——星辰云台。平台伞状的休息区可供游客休憩，坐在长凳上或是倚着栏杆，感受微风拂面，看水库水面泛起涟漪，鹭鸟成群。如果在夏天前来，还可邂逅一池荷花，好不惬意。

园内步道

🌷 博物赏识

大白鹭

白鹭是国家二级保护野生动物,常活动于浅水或河滩,白天在水域觅食,晚上回林地休息。步道靠近树阵广场的一侧,常常可见白鹭成群,栖息在湿地。

凤凰木

凤凰木为豆科凤凰木属高大落叶乔木,常见于城市公园、庭院、道路绿化等地,花期为 6~7 月,果期为 8~10 月。凤凰花有五瓣,为鲜红色至橙红色,被誉为色彩最艳丽的树木之一。

大白鹭

凤凰木

☕ 周边游玩

明湖蓝桥步道东侧是采摘园,游玩结束后可以去采摘园摘一篮果蔬满载而归。喜欢汽车与科技的游客可走进西侧的光明国际汽车城,看看钢铁侠、变形金刚,找找最古老的汽车,了解汽车的发展历史。如果想领略不同的风景,还可以继续前往周边的公园,无论是适合亲子游玩的五指耙公园,还是生机盎然的鹅颈水湿地公园,都有一番乐趣。

步道故事

汽车城与汽车主题公园：自然与产业共生

明湖蓝桥步道可能是最不用担心停车位不够的步道，整个光明国际汽车城都可以当作步道的停车场。事实上，步道所在的明湖城市公园就是光明国际汽车城的项目配套。

承载着建设"世界一流科学城和深圳北部中心"使命的光明，早在 2019 年便依托产业空间优势，前瞻性布局大湾区最大的汽车消费产业集聚区，以拉动经济增长。而规划之初，自然生态便是其中重要的一环。这个总占地面积约 92.5 万平方米的汽车城，涵盖占地面积 68.4 万平方米的明湖城市公园及大凼水库，公园成为汽车城不可分割的文旅生态配套。

如今，老旧工业园区摇身一变，成为光明国际汽车城，40 多个汽车品牌在此汇聚，这里成为深圳市首批近零碳排放试点园区，未来将成为粤港澳大湾区最大的高端汽车体验消费新中心。汽车消费、汽车文旅、汽车主题活动、汽车主题公园……"汽车"俨然成为这个片区的关键词。一旁的明湖城市公园，与光明国际汽车城相互倚靠，相互交融。公园内可见多个与汽车相关的主题元素，并将被改造为深圳市首家以汽车为主题的特色市政公园。

第十程

大鹏

仰望星空 走读山海

在深圳众多徒步路线中,"三水线"最有名气也最具挑战性。

不同于东西涌穿越,三水线在户外圈的名气不是因为颜值,而是因为难度。在深圳,三水线被驴友视为一条"毕业路线",如果没有完成过三水线,不管您登顶过多少山头,也还是个"户外小学生"。

三水线在每年10月到次年4月的旺季里,每逢周末节假日,单日徒步人数也不过区区数百人而已。但三水线的魅力也恰在这里:虽非摩肩接踵之地,但只要完成了三水线,就标志着在深圳已经没有任何徒步路线挡得住你前行的脚步了。

三水线

行走在山脊与天空之间

行走指南

三水线沿深圳与惠州交界的山脊防火带,挑战难度之高让众多徒步者踊跃尝试却又败下阵来。因为沿途几个重要地名三杆笔(木)、火烧天(火)、土地庙(土)、金龟村(金)、水祖坑(水)正好涵盖了金木水火土,所以这条路线还被驴友称作"五行线"。沿途108座大大小小的山头让人在不断登山与下山的循环间苦行般穿行,异常考验体力与毅力。

步道分类　郊野远足

步道路线

白沙湾公园—三杆笔—大笔架山—土地庙—田心山—三溪河下撤点—水祖坑

下撤路线出入口

A. 惠州小桂　B. 旱坑下撤口　C. 径心坳高架桥　D. 亚迪学校
E. 三溪河入口　F. 金龟社区

路线长度 18千米　**徒步时间 9小时**　路线难度 ★★★★★

交通指引

白沙湾公园

周边公交站:坝光展厅站

水祖坑

周边公交站:水祖坑站

周边地铁站:步行2千米至16号线田心站

海拔示意图

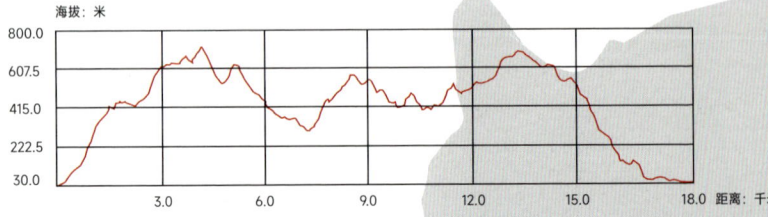

特别提示

1. 出发前,请备好万全的徒步装备:速干衣裤、遮阳帽、头巾、防晒霜、越野登山徒步鞋(硬底)、护膝护踝、登山杖等。
2. 切忌过于追求"毕业线"的名头,每个人根据自己的行走和背负能力,以适合自己的节奏进行攀登。
3. 三水线中大段路线无遮阴,不建议在炎热的夏季行走。请准备至少 3 升饮用水,途中也有几处无人售水点可以补充。
4. 夜晚的山野存在各种不可把控的危险,请把握好到达各重要节点的时间,尽量避免摸黑下山,或提前准备好夜行头灯。

📍 第 1 段　白沙湾公园登山口

从深圳地界开始登山

三水线全长约 18 千米，沿途要翻越 108 座山头，全程累计攀升约 1500 米，相当于爬了两座平安金融中心。途中最高点为深圳十峰之一的大笔架山，海拔 717 米；次高点为田心山，海拔 689 米，这两座山峰高度在深圳排名分别为第四、第七。

老三水路从惠州市小桂村片区上山。现在大鹏新区坝光白沙湾上山路线已开通，可导航到白沙湾公园，沿公园北侧绿道上山，当看到"三水线白沙湾入口"指示牌，步行不远就可以看到三水线的起点导览牌。

除了新修建的上山入口，沿线已设置步道标识系统，包括每隔 500 米设立一个标距柱，以及每个岔路都竖立了方向指示牌。路途中还有指引道路的红布条，这是来自早早蹚过前路的驴友们的好心提示。

三水线白沙湾入口方向指示牌

从铁塔出发后，路线坡度陡然提升，不过较险的路段都铺设了路绳，为徒步者提供了安全保障

第2段 登山口—大笔架山

爬上山腰 半壁观海

从起点导览牌出发，跨过深惠沿海高速人行天桥，会遇到一座谭仙古庙。从此处前行不远有一个岔路口，右行可见三水线第一个标距柱。之后会经过一段排水渠，沿路立有指示牌，认准大笔架山方向即可。

路线由此开始起伏明显。经过一个废弃的铁塔地基，向下可遇见第二个标距柱。继续前行便与从惠州上来的老三水线衔接上了。继续认准大笔架山方向走，沿山脊线上爬一个陡坡，便登上第一个大山头"三杆笔"。"三杆笔"地势陡峭，部分路段需手脚并用攀爬。此后的路线，会遇到第一个下撤路口"旱坑下撤口"，选择沿山脊线上行，走大约1.6千米就抵达路线最高点大笔架山了。

这段路沿途风景不错，下面是蔚蓝的海湾，对面是同样在海边耸峙的排牙山。但路线左边全是百丈悬崖，行进中要特别注意安全。在经过无数个上坡下坡后，又迎来了一个大坡，上去后就是海拔717米的大笔架山了。峰顶西侧有一片小树林，这里是一个补给点，徒步者可以在休息的间隙，顺便打开"深圳十峰"小程序打卡留念，然后跟深圳的第四高峰合个影。

特别提示：如果体力不行，或只去大笔架山，可以选择本段路上"旱坑下撤口"，返回白沙湾入口。这段路是一条护林员巡山的小道，爬升高度约400米，一些较险的路段还铺设了路绳。这里还有一个补给点，在高压线塔旁的一片林中空地上。

第 3 段　大笔架山—葵涌坳（土地庙）

体力不支不妨及时下撤

从大笔架山出发后就要下一个大坡，接着再上一个坡，到达一个岔路口，有一个指示牌，上面写着火烧天和土地庙，火烧天方向是去往葵涌的，可下撤至径心坳高架桥。如果要走土地庙方向，就会经过一个长下坡，从海拔600米下到200多米，走到两座山之间的鞍部就是葵涌坳了。驴友们习惯称这里为土地庙，因为此处坐落着一座小石龛，来往行人会奉上些水果干粮，图一个路途顺遂。

葵涌坳是第三个补给点，林荫下的空地上有十几把塑料椅子与一处无人售水点供徒步者使用。此时行程基本过半，到达时间一般已是中午，需要一次较长时间的休息，许多人也会在此进食。有经验的徒步者十分清楚：若是14点前还未抵达土地庙，或是天气有变、体力不支，从土地庙下撤才是明智之举。

特别提示：土地庙的海拔只有300多米，下撤并不艰难，先花费30分钟至1个小时到达罗屋田水库，然后沿着长长的水泥路走至葵涌的亚迪学校。从这里返程相对便捷，附近有公交车返回市区。

第 4 段　葵涌坳（土地庙）—龙岗53号界碑

在起起伏伏中感受天地辽阔

从土地庙出发继续上山前往金龟村，这一段大约4千米，需要从海拔200多米再次爬升到500多米，在反复上坡下坡后到达龙岗53号界碑，这里是大鹏段和坪山段的分界点，有最后一个补给点。此处视野开阔，可回望前路走过的漫漫大山，感受天地辽阔。若非追求走完全线，资深的徒步者还会等待夕阳与晚霞，看落日熔金模糊天与山的边界。再往前沿水祖坑方向走大约2千米就到了绝望坡。这里是三水线的最后一道大关，要翻越全线第二高点——田心山，此时徒步者已经走过了四分之三的路程，已是精疲力竭，还要翻过这座海拔689米的大山，因此这段路被形象地称作"绝望坡"。

特别提示：16点后才到达的登山者，建议从界碑处下撤至金龟村，到村内的公交站只需行走4千米左右。这段下撤路线又被称为坪金线，平日是条轻松的亲子出行、户外生活的路线。

登山者

◎ 第5段 绝望坡—水祖坑

毕业三水线

绝望坡一过，便是长达1个多小时的下坡路，部分路段依然陡峭，到达水祖坑村的后山顶还是走在山岭上。后面的路开始以下坡为主，顺着指示牌上水祖坑出入口方向走，然后沿着一段燃气管道巡查线，前行至水泥路，地上有"我完成了三水线"几个字。水祖坑出入口不远处是客家围屋水祖新居，前行50米左右是三水线第36号标距柱，至此终于走完三水线。回程可选择从水祖坑公交站坐公交车至坪山高铁站，再返回市区，或是行走2千米至16号线田心站，搭乘地铁返回。

✿ 博物赏识

坪山拱背蛛

坪山拱背蛛是首个以"坪山"命名的物种，为深圳所特有。如此稀有的昆虫，是深圳蛛形学研究者陆千乐在三水线上进行野外考察的过程中发现的。坪山拱背蛛黝黑小巧，甚至比绿豆还小，在深圳的山野上要不是特意奔它而去，瞪大眼睛仔细观察，很容易就错过。有趣的是雌性蜘蛛"酒足饭饱"后，身体会摇身一变，呈现为心形。

坪山拱背蛛

桃金娘

在 4、5 月,趁着酷暑来临前登上三水线,沿途有大片夭夭灼灼的桃金娘迎接登山者的到来,俏丽的紫红色花朵是漫长旅途上的一丝慰藉。桃金娘在两广的山野间并不少见,7、8 月果实熟得发紫时,在山间行走的背包客们谁没有尝过这一口微酸带甜的自然野味?此果浅尝即可,切不能多吃,过量食用容易造成便秘。

步道故事

三水线上的"胡哥"

三水线全程没有官方的补给点，所谓补给点都是少数驴友自发设置的，从铁塔到土地庙这段路上的补给点，主要由一位名叫胡传峰的驴友负责。胡传峰是江西武功山人，1985年出生，在户外圈被尊称为"老胡""山哥"。老胡会通过户外俱乐部的朋友提前获悉周末登山队伍人数，然后根据经验决定背多少水上山，遇到人多的时候，他从凌晨五点就开始往山上背水，一次负重40公斤照样可以在山路上健步如飞，一天之内要这样往返多次才能基本满足徒步者的需求。天热时，老胡除了背水还要背冰，矿泉水、宝矿力、脉动、可乐要放进满是冰块的泡沫箱里，这样更受又累又热又渴的徒步者的青睐。在这些补给点，矿泉水8元一瓶，脉动、可乐9元一瓶，但大家知道老胡赚的是辛苦钱，没有人会讨价还价。因为点多线长，老胡每次都是提前把水背到铁塔、大笔架山、土地庙，然后把标价牌和收费二维码挂在旁边，徒步者需要的话就自取自付，喝完的空瓶子如果徒步者不想带走，也可以放在旁边指定的地方，等老胡背下山。一条三水线，清晰地折射出深圳户外圈里的良善和真诚。

但三水线上的徒步者对老胡的尊崇远不只因为他的吃苦耐劳，还因为他是一位户外达人，国内那些极具挑战性的徒步路线，他几乎全都走过，而且他对户外装备了如指掌，如果徒步者碰巧在某个补给点

胡传峰

上遇到了老胡，那就意味着有机会免费上一堂"高级户外培训课"，热情的老胡一定是知无不言，也正因为如此，老胡才真正实现了自己与三水线之间的深度绑定。

七娘山郊野径主峰科考线位于大鹏半岛国家地质公园内,是一条备受登山者青睐的成熟步道。起点为大鹏半岛国家地质公园,终点是深圳第二高峰七娘山主峰(海拔869米),沿途能观赏大鹏奇异的地质遗迹,登顶可领略蔚为壮观的山海风光。

　　通往顶峰的科考线依山傍海,景观视角因海拔不同而各有不同。由于七娘山雨量充沛,云雾易于形成,景象常常瞬息万变。时而晴空万里,碧海蓝天清晰可见;时而浓雾弥漫,山峦树木时现时隐。因此,这条集科研、科普、观赏、运动于一体的徒步路线,也成为最能领略深圳山海之美的经典路线之一。

七娘山郊野径主峰科考线

翻越山的掌纹 品读海的诗篇

步道分类　郊野远足

步道路线　凤凰广场——号观景平台—二号观景平台—三号观景平台—四号观景平台—七娘山主峰观景平台

路线长度　**3 千米**
徒步时间　**3 小时**
路线难度　★★★☆☆

大鹏半岛国家地质公园

⬀ 行走指南

　　七娘山郊野径主峰科考线全长约 3 千米，以陡峭台阶为主，间或有一些平缓路段，大部分路程有树荫。科考登山道结合原有地形地貌，将沿途典型的地质遗迹点进行串联，并设置了科普说明牌。同时，在不同海拔高度选取景观视野良好的地点设置观景平台，供攀登者观赏山海风光。该登山道一路都有路标提示，基本没有岔道，还设置有多个休息、避雨场地供登山者休整。登顶过程虽稍有难度，但一路独特的地质景观和绝美风光，将犒赏你的疲惫和汗水。

海拔示意图

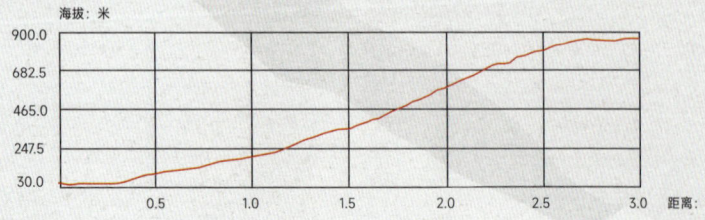

特别提示

1. 科考线开放时间：6:00~16:00（为保障游客安全，台风、雷雨天禁止登山），非登山时间内将被劝返，注意提前规划好登山时间。
2. 科考线仅登山口设置有洗手间，包括更衣室和一台自动售卖机，沿路无补给点，请备好2升水（包括电解质类饮料）、适量食物补充体力。
3. 七娘山山势险峻，登山阶梯十分陡峭，可以在出行前准备好护膝和登山杖，减少登山压力。
4. 科考线下撤需原路返回，石阶路较陡，要预估好体力。
5. 请遵守当地自然保护区的规定，不得随意出入未开放的保护区。

交通指引

凤凰广场

公交路线：国家地质公园站

自驾游路线：导航至大鹏半岛国家地质公园博物馆，可将车停在登山口对面的社会停车场

 休息点　　 洗手间　　 起终点

第1段 凤凰广场—主峰观景平台

一路攀登 一路风光无限

主峰科考线

从凤凰广场向南行,就会看到科考线登山口路标——背后刻有"主峰科考线"的石碑,路标前方设有上山的登记点。从起点登至山顶观景平台,中间还有 4 个观景平台可供休整。

到一号观景平台的路相对平缓,约 700 多米,爬升约 170 米。轻松的登山序曲可能会让你误以为,这条登山道的难度不过如此。但越往后你会发现,拾级而上,每一步并不轻松。

一号观景平台所处位置不是特别高,视野也不很开阔。抬头可见七娘山错落有致的七座山峰,俯首看大鹏半岛国家地质公园博物馆,如几块散落的火山礁石,掩映绿荫丛中。

一号观景平台到二号观景平台(海拔 555 米)是整条线中,距离最长的一段,到达这里,爬升海拔已经过半。放眼望去,枫木浪水库掩映在树林中,水色碧绿;龙岐湾湛蓝的海水在阳光下闪耀,静谧又深沉。

海拔 755 米的三号观景平台,视野更加开阔,没有植被遮挡,左右山体咫尺可见,还能够近距离观察枫木浪断层、断层节理及其科普内容,这里也是观察主峰"金龟背天鹅"的最佳角度。登上海拔 780 米的四号观景平台,距七娘山顶峰只剩 300 多米的地面道路了,此时可远望南澳、大鹏湾、香港东平洲岛,天高海阔,风浪滔滔,行程胜利在望。

四号观景平台

📍 第 2 段　山顶五大观景平台

敞开胸怀 拥抱海阔天空

过了四号观景平台，再走十多分钟便到达海拔高度达 869 米的七娘山主峰。三门岛、大小辣甲岛、香港平洲岛等岛屿星罗棋布，点缀在广阔无垠的海面。主峰观景平台两侧还有 5 个山顶平台，形成一条约 500 米的峰顶游览线，每一处山顶平台的景观都不尽相同。

往主峰平台的反方向走，首先到达的是一号山顶平台，此处有刻着"七娘山"字样的摇摆石，是热门的拍照打卡地。向着二号山顶平台继续走，向南看"金龟背天鹅"，向西看南澳月亮湾、大鹏湾，这里有拍摄东西涌的绝佳角度。在三号山顶平台，向南和东南方向欣赏东涌和西涌，向东远眺大小三门岛。

往主峰平台的前方走，在四号山顶平台，北看老虎地，东看磨朗钩火山柱。在五号山顶平台，看七娘山的日出日落，晚霞云天，远眺 770 高地。

边走边看

大鹏半岛国家地质公园博物馆

大鹏半岛国家地质公园博物馆

博物馆景区占地面积37500平方米,建筑面积5410平方米,设有序厅、地球探索厅、大鹏半岛厅、矿物厅、城市与地质环境厅和临时展厅,并配置科普影视厅和3D影院用以开展科普活动。景区内配套建有火山风貌园、远古风貌园、溪流栈道、凤凰广场等室外研习区(径),是游客休闲游憩及亲近大自然的重要场所。

枫木浪水库

枫木浪水库位于"南澳海盗村"——半天云古村之北,青山环绕,碧波荡漾,水中隐约露着一些小岛。2015年8月24日,深圳市政府发布的《关于调整深圳市饮用水水源保护区的通知》显示,枫木浪水库正常蓄水位49.47米,保护区面积4.84平方千米。枫木浪水库饮用水水源保护区全部划为一级保护区。

枫木浪水库

七娘山主峰

七娘山包括七娘山主峰、大雁顶、老虎山、三角山等7个山峰。主峰海拔869米，外形尖圆，是深圳市第二高峰。七娘山山体森林覆盖率超过80%，没有工业污染，原始生态环境保存完好。

七娘山主峰

金龟背天鹅

七娘山峰顶有一块岩石形似鹅头，被称为天鹅石；左侧巨石状如乌龟的头部，远望如天鹅落于金龟之上，故名"金龟背天鹅"。

金龟背天鹅

博物赏识

金毛狗

金毛狗是国家二级保护野生植物,常生长在半坡林下。这种源自侏罗纪时代的古老植物,有着大大的羽状叶片,在它露出地面的根状茎处还有一团金黄色的长茸毛,因而得名"金毛狗"。金毛狗畏寒,这些"金毛"就是它历经亿万年风寒演化出来的,用以保护它的根部。

金毛狗

穗花杉

穗花杉是红豆杉科穗花杉属植物,由于它起源古老,结构特异,对研究古地质以及植物分类等方面有着重要意义,被列为国家一级保护植物。穗花杉经历过第四纪冰期,因此有着"冰川元老"之称。穗花杉对生存环境要求严格,它在野外的数量越来越少,已被世界自然保护联盟列为严重濒危珍稀物种。

穗花杉

岭南山竹子

岭南山竹子是藤黄科藤黄属植物。夏季的七娘山,溪谷、路边的岭南山竹子开始挂果,成熟后变为黄色。岭南山竹子果实能吃,但其中含有大量黄色树脂,吃完牙齿会变黄。有些地方就叫它"黄牙桔""黄牙果"。

岭南山竹子

大苞白山茶

生长在七娘山的大苞白山茶是国家二级保护野生植物，冬春季开白花，花大而美丽，花瓣呈白色半透明状，映衬着金黄色雄蕊。大苞白山茶是山茶科山茶属最原始的代表种之一，也是山茶属为数不多的野生四倍体种群，对探讨山茶属的系统发育特征有重要意义。

大苞白山茶

猪獾

猪獾因吻部酷似猪嘴，叫声也与猪相似而得名，但它属于鼬科动物。猪獾体型浑圆，毛色呈黑白两色混杂，脸上有3道白纹，中间一道向后延伸至颈背。由于人类的捕杀，猪獾数量大减，被世界自然保护联盟（IUCN）列入濒危物种红色名录。2018年5月，大鹏半岛首次发现猪獾。

猪獾

虎纹蛙

虎纹蛙体型较大，嘴边有个鼓鼓囊囊的东西，能发出声音。雨后常能听到成群的虎纹蛙"呱呱"鼓噪。虎纹蛙以蝗虫、蝶蛾、蜻蜓、甲虫等为食，捕食时间主要在晚上，白天较少捕食。

虎纹蛙

步道故事

山海书写的石头史记

2005年,凭借大鹏半岛奇特的古火山和优美的海岸地貌景观资源,深圳市人民政府成功申报深圳大鹏半岛国家地质公园。而位于地质公园内的七娘山,不仅是登高远眺山海风光的绝佳去处,也是进行地质地貌研究与科普教育的天然课堂。亿万年来,山川与大海的碰撞与交融,在这里留下千变万化的痕迹,发生在遥远时空的故事被一一刻录在遍布海岸与山脊的石头上,成为大地记忆深处的地质"史记"。

大鹏半岛国家地质公园有两大特色:一是古火山地质遗迹。大约距今1.46亿~1.35亿年,从晚侏罗纪到早白垩纪,太平洋板块向欧亚大陆板块俯冲,引发了一系列的火山喷发。炽热的岩浆从地壳深处喷涌而出,奔涌冲撞,遇冷凝结,形成了大量流纹岩、凝灰岩、集块岩等形态万状的岩石,熔岩流巨大的纹理在石块上清晰可辨。正是在这种地质作用之下,七娘山拔地而起,成为深圳市第二高峰。经过亿万年的风雨洗礼,大鹏半岛国家地质公园内仍随处可见这段山海奇遇、水火交融时期的地质活动遗迹,完整保留着的火山柱、火山穹丘、火山岩等地质景观,成为研究我国东南沿海侏罗纪火山活动的天然博物馆。

二是距今2万至1万年以来形成的海岸地貌景观。公园东南部的海岸带长13千米,是海—岸过渡带与海蚀作用带的重要组成部分,在地质、气候、海浪冲刷等综

摇摆石

合作用下,海岸带上广泛发育了海蚀平台、海蚀洞、海蚀崖、海蚀柱、巨砾滩等海岸地貌景观,记录了2万年以来华南地区东部海岸的历史演化,堪称我国华南地区海岸地貌的典型代表。

海岸地貌景观包括海积地貌和海蚀地貌。海积地貌是进入海岸带的松散堆积物质在海浪周而复始的冲击下,按一定规律堆积起来形成的各种地形地貌,最具代表性的有巨砾滩等。

海蚀地貌是在海水的撞击、冲刷、溶蚀作用下,基岩海岸形成的海蚀崖、海蚀洞、海蚀拱桥、海蚀柱等景观。

港湾与岬角相间,侵蚀与堆积交替,正是大鹏半岛国家地质公园最具观赏性的地质风貌之一。

海蚀洞

流纹岩

西涌天文步道

看天上星河与林间萤火

大鹏半岛海滩曾被《中国国家地理》杂志评为中国最美的八大海岸之一,细软的白沙在绵延的海湾上铺陈近5千米。海湾东端的山顶上矗立着深圳市天文台,在此可凭海临风,仰望星辰,山下则是中国第一个国际暗夜社区——西涌。西涌天文步道正是一条登山望海、踏浪观星、集众美于一路的海岸徒步路线。

🧭 行走指南

西涌天文步道全程 6.6 千米,从西涌河畔的西贡古村开始,经南西路、鹤薮村、新海路,向东折向南门头河碧道,与上天文台的山路相会。如果想看海,领略西涌海滩的细柔美丽,也可以购票进入景区,经西涌 1 号、2 号、3 号沙滩,从 4 号沙滩出去,过南门头河碧道,便是上天文台的接驳车站。

步道分类 博物研习

路线长度 **6.6 千米**

徒步时间 **3 小时**

路线难度 ★★☆☆☆

步道路线

西贡村—谭仙古庙—西贡路—南西路—西涌沙岗村—鹤薮村—鹤芽路—新海路—南门头河碧道—天文台登山路—深圳市天文台

下撤路线出入口

A. 西涌海岸

交通指引

西贡村

周边公交站:西涌西贡村站

深圳市天文台

周边公交站:鹤薮村站

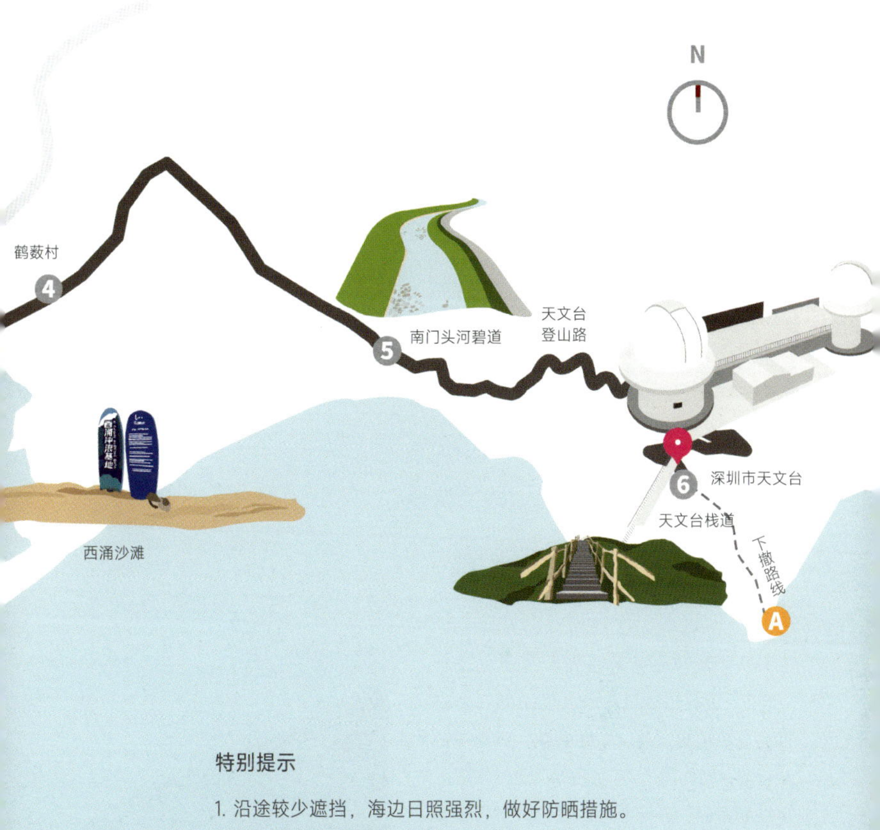

[西涌天文步道] 353

鹤薮村

南门头河碧道

天文台登山路

西涌沙滩

深圳市天文台

天文台栈道

下撤路线

特别提示

1. 沿途较少遮挡，海边日照强烈，做好防晒措施。
2. 如果走西涌海滩，需要购买门票。
3. 深圳市天文台每周二至周日开放，免费参观，但需通过广东省政务服务网、i 深圳 App 搜索"深圳市天文台"或"深圳天文"公众号预约。周一上午 10 点放号，每天 240 人。
4. 预约成功可从天文台 2 号岗亭进去；没有预约可经过 P1 停车场前往公共栈道。上山接驳车 10 元 / 人 / 次。

 洗手间   起终点

西涌沙滩

第1段　西贡村—南门头河碧道

古老的渔村不老的海

从大鹏总站有开往西贡村的公交车M232，正好也经过本条路线上的几个古村。从西贡村出发，沿西贡路、省道南西路行走，到西涌3、4号浴场公交站附近，拐往鹤芽路，再走新海路南门头河碧道方向，抵达天文台的上山接驳车站，这里是上山的路口。

如果想走走闻名遐迩的西涌海滩，可以购票进入海滨浴场，从西涌河入海口开始，依次是1号至4号沙滩。1号沙滩浪小水浅，有多项海上项目，还有帐篷营地和游客中心；2号沙滩也有星空帐篷和房车露营；3号沙滩浪相对较大，水性较好的游客喜欢在这里游泳；4号沙滩是冲浪者

沙滩一角

的天堂,聚集了很多冲浪爱好者。

从 4 号沙滩出来,便看到南门头河碧道的牌子,过马路就是深圳市天文台上山入口。

边走边看

西贡村

西贡村是客家村落,位于大鹏新区南澳办事处西涌社区,2020 年被列入深圳市 26 处历史风貌区名单。这里背靠红花岭,有西涌河、西贡河环村而过,现存约 60 座砖木结构的老建筑,村口还有棵 560 多岁的古樟树,为国家一级保护树木。

西贡谭仙古庙,始建于清光绪十一年(1885 年),重建于 2000 年,供奉谭大仙。抗日战争时期,广东人民抗日游击队东江纵队曾将一些重要的设施设在西贡村,东江纵队机关报《前进报》在谭仙古庙设有印刷厂。

鹤薮村

鹤薮村南临大海,北靠七娘山,距离西涌海滩仅有 900 余米的距离。村里有各种时尚食肆、客栈等旅游服务设施,也有古朴的传统客家民居,大部分建于 20 世纪初。其中刘氏斗廊排,是一座清代斗廊院民居建筑,2012 年被深圳市龙岗区人民政府公布为不可移动文物。

情人岛

在西涌沙滩对面,有一座小岛,名为情人岛,岛屿面积近100亩(约66667平方米),距离海滩1海里(约1852米),岛上风光旖旎,蓝天碧海,景物天然。这里还有着深圳第二大的红树林,其间鸟语花香,生机盎然。

情人岛

冲浪基地

在4号沙滩,有多家冲浪俱乐部提供冲浪和桨板等水上运动用品和课程。事实上,在大鹏,一年四季都可以冲浪,只不过东西涌的海滩朝向不同,每年的3月至9月,西涌的浪况更好;而10月至次年2月,则在东涌冲浪更为合适,大大小小的赛事也经常在此举办。

4号沙滩冲浪基地

第2段 南门头河碧道—深圳市天文台

看星看海看流萤

在南门头河碧道对面,是深圳市天文台—西涌海滩南门头服务岗,这里有上山的接驳车,车程约10分钟,每人10元。如果选择徒步上山,大约需要40分钟。

到天文台,须持预约码领参观证从2号岗进入。这里建有天文科普厅、综合楼、天文楼和气象楼等观测与科普设施。山海栈道蜿蜒盘绕,可以从不同角度观赏辽阔的海景。

🔍 边走边看

碧海云天

登上天文台,最迷人的是一望无际的海天风光。西涌沙滩像一道温柔的臂弯,怀抱着碧蓝的大海。白云飞渡,海风吹拂,满眼都是山海豪情。

深圳市天文台

山海栈道

天文台南面的山海栈道,是深圳最热门的网红打卡地之一。"之"字形交叠的悬崖石阶依山而下,无论是山景,还是海景,都风光旖旎。人步行其间,如行画里,每一张照片的背景都是纯粹的海阔天空。

山海栈道

西涌上空的星轨

西涌暗夜社区

西涌暗夜社区是深圳市最理想的观星点,有深圳市天文台、观星主题民宿、天文科普营地等适合观测星空的场所。在这里能看到许多在我国北方地区看不到的星座,如波江座、半人马座等,天气好的时候,在这里还可以观测到银河。夏季,萤火虫飞舞的盛况也时常出现。

下撤路线

从天文台返回有几个选择:1. 原路步行下山或坐接驳车下山;2. 从悬崖边上的网红栈道直走抵达海岸,在这里右拐是东西涌穿越路线的最后一段,需要充足体力,一般游客不建议尝试;3. 可以搭乘海边渔民的快艇,返回4号沙滩。

博物赏识

厚藤

在海岸边上,总能不经意间看到厚藤的身影。厚藤也叫马鞍藤、马蹄草,是旋花科虎掌藤属多年生草本,厚藤花呈漏斗状,紫色或深红色,是单调沙地上一抹鲜艳的风景。厚藤生长力旺盛,有良好的防风固沙能力,在深圳的滨海沙地很常见。

厚藤

桔梗

在天文台栈道两侧，经常能看到紫色的桔梗花。李时珍曾言："此草之根结实而梗直，故名。"桔梗是多年生草本植物，根粗壮；植株不分枝，花冠一般为合瓣花，为蓝色或紫色。

草海桐

在海岸岩壁间，草海桐肆意生长，其枝叶青翠，油亮厚实，在植株顶端呈螺旋状排列。5 片白色花瓣，呈扇形排列，看起来像开了"半朵"。草海桐耐盐抗旱，可以防固海岸，对热带海岛生态系统具有重要作用。

桔梗

草海桐

萤火虫

仲夏夜的暗夜社区,萤火虫飞舞。萤火虫发出的光被称为"生物荧光",是两种化学物质在萤火虫腹部的特殊腔室中混合形成的。在求偶时,雄萤按照一种特定的模式来控制闪烁节奏,雌萤也会用特定的明灭次序来回应。

木麻黄

木麻黄,忠诚的"海疆卫士",属于木麻黄科常绿乔木,是滨海城市防风护岸的优良树种。其树干通直,高可达 30 米左右,枝条由树干向上斜伸,小枝细软下垂,呈灰绿色。木麻黄抗风能力强,而深圳临海,易遭台风侵袭,木麻黄便成了这座城市防风固沙的"卫士"。

木麻黄

夜光藻

夜光藻有一个浪漫的名字叫作"蓝眼泪",一般出现在春夏交替之际,多数在 4~8 月。当海水涨潮时,夜光藻向岸边集聚,犹如海洋里的蓝色极光。夜光藻受外部刺激就会发光,夜晚涨潮时分是最佳的观看时机。

夜光藻

周边游玩

如果你是一名徒步爱好者,那绝对不能错过"东西涌穿越"这条经典路线。这条长约 5 千米的海岸线不仅风光秀丽,而且是深圳第一条救援标距柱示范路线。从东涌沙滩出发,整条路线地貌多样,浪潮拍打,充满刺激。其间的海蚀洞、巨石滩和穿鼻岩等标志区域极具挑战性,让你在穿行的过程中时刻感受海的力量与内心的震撼。

天文台上空的璀璨星河

步道故事

中国首个国际暗夜社区

2023年4月10日，深圳大鹏西涌成为亚洲第二个、中国首个国际暗夜社区。天上繁星，地上流萤，深沉的夜与璀璨的星在这里相得益彰。

国际暗夜社区，是针对有人类生活、生产的区域，在保证安全、生活和生产的前提下，对区域的照明进行科学改造，尽可能减少不必要的照明，在城市发展的过程中融入星空自然的理念，保护夜晚不受光污染的影响。

大鹏半岛山海环绕的自然风貌构成了暗夜环境的核心。2021年4月，深圳市天文台天文部部长、副研究员梅林提出了建设暗夜社区的想法，得到了深圳市政府、大鹏新区管委会以及有关部门的大力支持。经过与村民、民宿和餐馆老板的多次沟通协调，科学照明得以在社区推行，灯光变得更柔和，自然的暗夜环境也让西涌的星空越来越璀璨，符合国际标准的"暗夜社区"因此诞生。

暗夜社区的建设，不仅丰富了生态景观，还推动了大鹏暗夜经济的发展，形成了集暗夜保护、星空观测、星空摄影、度假旅游、科普教育于一体的城市级夜间活动品牌。以此为契机，深圳也将持续优化西涌、东涌的照明，推动海上光污染源的治理，提升深圳市天文台和暗夜社区的软硬实力，逐步将大鹏新区全域建设成星空公园，创建国际暗夜社区示范的深圳模式。

大鹏所城步道

海防重镇的悠长岁月

  大鹏所城是"深圳八景"之首，也是深圳又名"鹏城"的来源。这里曾是明清两代中国南部的海防军事要塞，在抵御外侮、保卫国土方面发挥了重要作用。尽管历经悠悠岁月，大鹏所城却还保留着数百年前沿海所城的格局与风貌，成为深圳重要的历史文化遗产，也是全国重点文物保护单位。大鹏所城步道从大鹏所城南门街进入，串联起鹏城美丽乡村及百年古刹东山寺，是一条饱含历史底蕴的特色步道。

大鹏所城

⊙ 行走指南

在大鹏所城南门,可以登上门楼远眺,古城全貌尽收眼底,一条南北向的主干道及数条巷道穿插排列,低矮的房屋整齐分布其间。从南门进入,可以直观地感受大鹏所城的古韵与新貌:青砖灰瓦、窄街小巷保留着古朴的模样,三两步便可发现一处挂着标记的古迹,现存东、南、西三个城门及东北约 300 米处的古城墙基址诉说着远久的故事,历史爱好者能在这里感到惊喜连连,而改造更新后的古城,正吸引着时尚的年轻人,书房、纪念品店相互交错,小吃店、餐厅、服饰店点缀其中,颇具生活气息,一路游玩逛吃、拍照打卡,也可以逗留许久。

来到大鹏所城,如果不去趟东山寺,定会留下遗憾。从大鹏所城东门出来,沿着东山路向东,途经一年四季都能观赏到花海美景的鹏城美丽乡村,便可抵达步道终点——岭南名刹东山寺。

路线长度 **2.1千米**　徒步时间 **1小时**　路线难度 ★☆☆☆☆

步道分类　历史文化

步道路线　大鹏南门路—大鹏所城—南门西路—大鹏东门路—东山寺

交通指引　大鹏南门路
　　　　　　周边公交站：大鹏所城站

🔍 边走边看

大鹏所城海防博物馆

　　大鹏所城，全称"大鹏守御千户所城"，始建于明洪武二十七年（1394年），建立之初是为了抵御倭寇，巩固海防。大鹏所城是中国东部和南部保存最完好的明清海防遗存之一，有"沿海所城，大鹏为最"之称，因此海防文化成为大鹏所城的重要标签。从古城主路前行，可以看见一排拱形屋顶的大鹏粮仓，粮仓里设有大鹏所城海防博物馆，600多年来大鹏地区的历史以文物展示、图文引导、新媒体科技互动等形式在游客面前生动呈现。

将军府第

作为海防军事要塞,明清两代从大鹏所城走出了十几位将军,赖氏家族的"三代五将""摸夜将军"刘起龙等均为人们津津乐道,因此,大鹏所城又被称为"将军村"。

大鹏所城将军多,将军府第也多。顺着南门街前进,一路可以看到十几座将府,其中保存最完好的一座古建筑是赖恩爵振威将军第,其横额"振威将军第"为清道光皇帝御笔,巍峨的大门、门首石匾仍然存留着当时的风貌。

刘黑仔故居

抗日战争时期,东江纵队青年干部训练班曾开设在赖恩爵振威将军第,因此大鹏所城也是东江纵队的重要活动场所,涌现了一批可歌可泣的英雄人物。穿过排列整齐的大鹏粮仓,便是东江纵队传奇英雄刘黑仔的故居。

刘黑仔是东江纵队港九独立大队中让敌人闻风丧胆的神枪手,因为没有确切的照片流传,他的存在也多了一分神秘色彩。由于遗物不多,刘黑仔故居中运用墙绘、图文展示、连环画等多种形式,以简约的黑白灰线条,将刘黑仔的传奇故事向游客们一一展现。

刘黑仔故居

东山寺

东山寺

东山寺始建于明洪武二十七年（1394年），是传承中国禅宗五祖寺"东山法门"的岭南名刹。抗日战争时期，东山寺同大鹏所城一同成为东江纵队的重要活动场所，这里开办了"东江抗日军政干部学校"（后改名为"中国人民抗日军政大学第七分校"），培养了一大批抗日军政干部。

自清咸丰以来，东山寺经历了多次重建。如今的东山寺建筑精巧华丽，石刻复杂工巧，巍峨壮观。

周边游玩

从大鹏所城步道走出，可直接向南走至有"深圳小鼓浪屿"之称的较场尾看海，也可乘车前往深圳婚纱摄影基地玫瑰小镇拍照打卡。

步道故事

缘起"鹏城"

深圳为什么又叫"鹏城"?

民间有一种说法:深圳的地图东西狭长、南北扁平,如同大鹏鸟。实际上,深圳称为"鹏城"来源于大鹏所城。

有学者认为,此名主要可考有两点:一是深圳下辖地有大鹏所城,大鹏所城的大鹏,由一旁被称作"大步海"的"大步"化名而成;二是大鹏所城为明清重要的军事要塞,且深圳和"九龙寨城"在清末统归海防军事建制单位"大鹏协"管辖。"鹏城"寄托的是城池稳固之意。

改革开放之后,深圳发展迅速,如同展翅高飞的大鹏鸟,翱翔长空,越来越多的人称这座城市为"鹏城",这个名称寄托的是希望深圳能够如大鹏鸟一般搏击风浪、"扶摇直上九万里"的祝福和期许。

鹿咀日出步道

总有一场山海日出值得奔赴

深圳山海相连，拥有众多绵延秀美的海岸线。其中位于大鹏新区的鹿咀日出步道拥有超高人气。这里是迎接深圳第一缕阳光的地方，是周星驰电影《美人鱼》的取景地。沿鹿咀日出步道行走，听海风猎猎，看海浪滔滔，所有的压力和烦恼都可抛诸脑后。

大鹏半岛杨梅坑

行走指南

鹿咀日出步道全程 10 千米,起于大鹏新东路,经新东绿道,止于鹿咀山庄。该步道为特色旅游和休闲运动型绿道,部分路段采用蓝色沥青铺设,充分体现滨海绿道特色。路线虽长,却平坦顺畅,走起来并不吃力。行走在这条步道上,早可守望日出,晚可追逐夕阳,绿树山花相伴,风声海浪声鸟叫声相随,不管是步行、慢跑抑或是骑行,都让人怡然自得。

从新东路出发,鹿咀日出步道途经新东绿道、高岭村、桔钓沙、浪骑游艇会、杨梅坑、鹿咀山庄等景点,景色与自然资源都十分丰富。

[鹿咀日出步道] 371

路线长度 **10 千米**　徒步时间 **4 小时**　路线难度 ★★☆☆☆

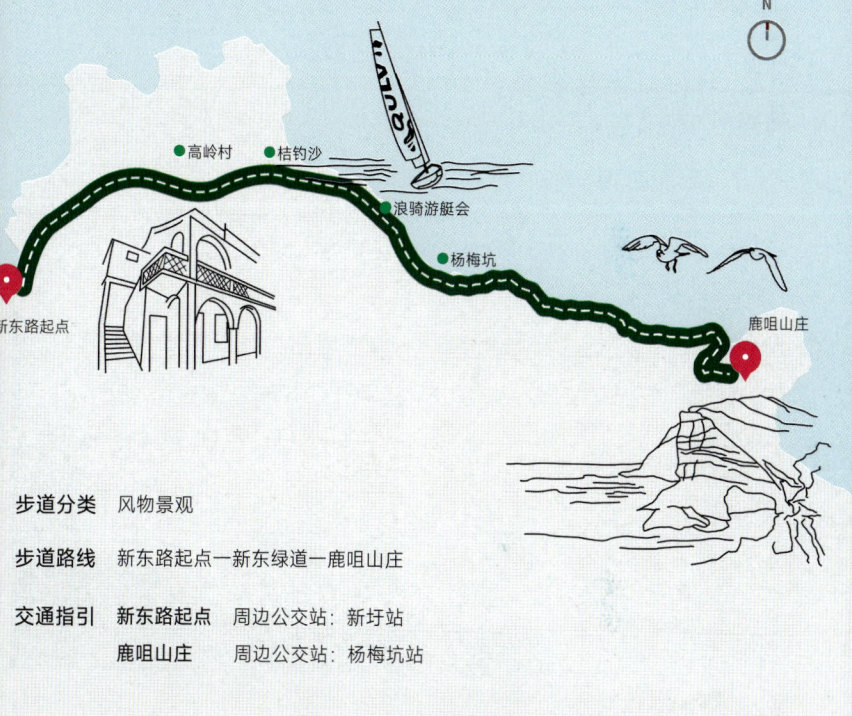

步道分类　风物景观

步道路线　新东路起点—新东绿道—鹿咀山庄

交通指引　**新东路起点**　周边公交站：新圩站
　　　　　鹿咀山庄　周边公交站：杨梅坑站

Q 边走边看

新东绿道

　　新东绿道是大鹏新区滨海慢行系统示范段，也是一条特色旅游和休闲运动型绿道。沿途标识系统完善，标识牌以旧枕木制作，沿线坡陡处均有栏杆围护，配套公厕、垃圾桶、照明、休息平台、观景平台、小品等。游客扫描绿道沿途指示牌的二维码，还可以进入自然课堂。

高岭村

高岭村坐落在七娘山北麓的半山上,始建于明末清初,因山高岭险而得名,是深圳典型的客家古村落之一。改革开放后,为方便生活,高岭村村民均下山兴建新房居住,高岭古村从此被废弃。2012年,高岭古村的周氏宗祠、高岭碉楼被龙岗区人民政府公布为不可移动文物。

桔钓沙

三面青山相拥的桔钓沙,是深圳市最美的沙滩之一,拥有深圳沙粒最细的海滩,被誉为"蓝色玻璃海"。天气好的日子,暖暖的夕阳铺洒在月牙形的海滩上,让人都变得柔软。此外,桔钓沙岸边基础设施配套完善,有餐厅、酒店、公厕和更衣室,是亲子赶海的最佳去处之一。

浪骑游艇会

在桔钓沙湾畔的浪骑游艇会,是国内大帆船运动的起源地和中国南方最大的青少年帆船训练基地。游艇会内有一条长长的蓝色海滨长廊,被称为"天堑通途"。长廊一路延伸入海,仅需10分钟就能走到尽头。坐在长廊的长椅或防波堤石围上,可以近距离感受海浪与海风。

浪骑游艇会

杨梅坑

杨梅坑被称为"深圳的马尔代夫""深圳最美的溪谷"。这里一路清潭连连,风景秀丽,两侧林木茂盛、鸟雀争鸣。在杨梅坑的沙滩和近海处,有大量礁石景观,附近海域水下还有大片珊瑚礁分布。值得一提的是,杨梅坑环海路自行车骑行带十分接近大海,慢慢骑行在杨梅坑的蓝天碧海中,仰而望山,俯而听涛,不失为一桩人生乐事。

鹿咀山庄

"原始生态、山海情怀、蜜月天堂、运动海岸"是鹿咀山庄的写照。古色古香的木屋与欧式小筑错落于山林之间,山庄的旁边多半都是悬崖峭壁,四周大海环绕。极目远眺,最高处的悬崖大约有几十米高,远看就像一头小鹿伫立于海滨。周星驰的电影《美人鱼》,正是在这里取景。

鹿咀大道

鹿咀山庄

博物赏识

银杏

银杏又名白果树,生长较慢,寿命极长,自然条件下从栽种到结果要 20 多年,是树中的老寿星,其果古称"白果"。银杏树是第四纪冰川运动后遗留下来的最古老的裸子植物,是世界上十分珍贵的树种之一,因此被当作植物界中的"活化石"。

银杏

深圳双扇蕨

深圳双扇蕨是继深圳假脉蕨之后第二个以"深圳"命名的蕨类植物,是在深圳发现,且目前也只发现在深圳有分布的物种。深圳双扇蕨喜欢生长在低海拔林缘或稀疏的林子下面,在七娘山的杨梅坑附近,有小面积的分布。

深圳双扇蕨

金斑虎甲

金斑虎甲是虎甲科虎甲属的一种捕食性昆虫。其身体闪着漂亮的金属光泽，前胸背板、鞘翅中缝、前中足腿节有部分红色，腹部腹面颜色鲜艳，非常漂亮。金斑虎甲是完全变态的昆虫，以幼虫越冬，常栖息于海岸线、沙丘、森林小径旁。

乌檀

国家林业和草原局确认的重点保护珍稀野生植物物种之一。乌檀树干挺拔、树叶茂盛，是道路绿化树中的佼佼者。

绿凤蝶和青斑蝶

在步道沿途的灌木丛中，翩翩起舞的蝴蝶也尤为引人注目。绿凤蝶和青斑蝶是鹿咀日出步道两种较为常见的蝴蝶。郁郁葱葱的林中，偶尔点缀着飞舞的"花仙子"，是自然给予游客的一份小惊喜。

金斑虎甲

绿凤蝶

青斑蝶

步道故事

深圳"最美沿海公路"的回归

碧蓝的大海一望无垠，在轻柔的海风吹拂下波光粼粼。海浪翻滚着拍打岸边的礁石，三三两两的游客走在近海的公路上，犹如走在一幅绝美山水画中……2016年，周星驰的一部《美人鱼》，让位于大鹏半岛最东端的鹿咀山庄为世人熟知。通往鹿咀山庄的鹿咀大道，也被誉为深圳"最美沿海公路"，吸引不少人前来打卡。

2018年，超强台风"山竹"对鹿咀大道造成重创。此后，鹿咀大道封闭整修，时间长达4年。4年间，人们从杨梅坑前往鹿咀山庄只能乘坐快艇，畅游山海不免少了一份脚踏实地的乐趣。

但深圳向来是最懂得如何"宠"她的市民的。为了打造一个亲近山海的平台，这4年时间里，深圳抓住海堤修复的契机，以生态防护为主，在沿海堤一侧种植木麻黄、血桐等耐盐碱乔木以防风固沙，形成绿色防护；沿山体一侧则保留现状乔木，增加肾蕨、桃金娘等乡土植被以涵养水源，减少水土流失。终于，2022年底，这条"最美沿海公路"回归人们的视野。

修复后的鹿咀大道，不再允许机动车通行，从公路变为慢行步道。设计上，鹿咀大道也变成了上下两层，上层是骑行道，下层是人行步道，更方便人们与大海近距离接触，用脚步丈量山海。如今，这条串联起大甲岛、鹿咀海景、七娘山等景点的步道，已成为市民游客假日争相打卡的热门地点之一。

随着"一脊一带二十廊"的建设推进，深圳正构建"生态、人文、舒适、可达"的高质量城市生态绿色空间。而由新东绿道、鹿咀大道等共同构成的鹿咀日出步道，也成为深圳通山达海的亮丽名片，成为一座城的诗与远方。

第十一程

深汕

稻浪滚滚 海水悠悠

东都岭郊野径环溪线

让脚步与道路都自然而然

东都岭郊野径环溪线位于深汕特别合作区赤石镇,是一条集山水野趣、田园风光、历史遗存、生态研习、户外运动于一体的山野特色步道。对于没有勇气挑战高山大川,又不满足在都市里行走的人,这条充满原真与天然气息的古道充满诱惑力。

从赤石镇碗窑村东面的入口出发,一路山清水秀,路况多变,行走其中趣味盎然。沿途既有林间小道可听风吹鸟鸣,也有手作步道、古石板路,可感受步履与时空的交融。而12.3千米的路线总长度,448米的最高海拔,以及全程没有下撤路线,使得东都岭郊野径环溪线的徒步难度不容小觑。

🧭 行走指南

东都岭郊野径环溪线由东都岭段、双宫岭段以及两段之间的连接线三部分组成,其中东都岭段除了蜿蜒林间的一段碗窑古驿道,多为上山路段,爬升难度适中;连接段为连续起伏的山脊线且坡度较大,翻过一座山头又见下一座山头的路况对体力和心理来说有一定的挑战性;双宫岭段为下山路段,大部分为古驿道石板路,难度相对较小。总体而言,整条路线极富野趣,人工干预度不高,对体能有一定要求,适合有一定户外活动经验的徒步爱好者。

交通指引

碗窑
定位赤石镇碗窑村委会,到达村委会后继续前行约 1500 米,右侧可见东都岭郊野径指引牌及环溪线标距柱。

洋坑
定位赤石镇洋坑村,洋坑古寨北侧可见双宫岭郊野径标识柱、指引牌及环溪线标距柱。

海拔示意图

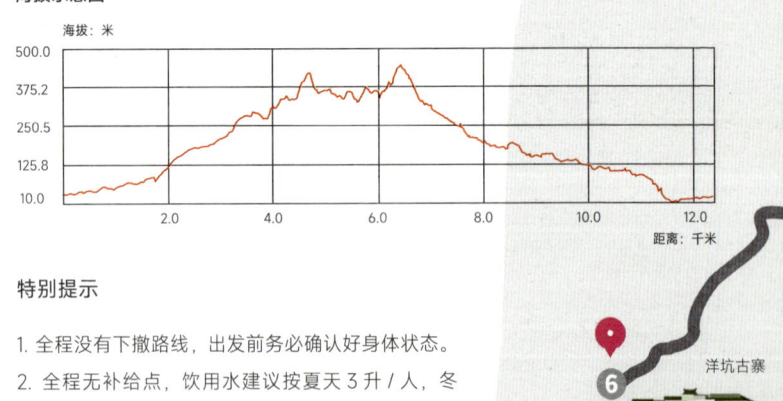

特别提示

1. 全程没有下撤路线,出发前务必确认好身体状态。
2. 全程无补给点,饮用水建议按夏天 3 升 / 人,冬天 2 升 / 人准备,最好含一支运动饮料。
3. 连接段均在山脊线上,无树荫遮蔽,须做好防晒,最好避开烈日天气徒步。
4. 路线入口、出口交通不便,建议自驾。

路线长度 **12.3 千米**　徒步时间 **7 小时**　路线难度 ★★★★☆

碗窑 ①

东都岭古道碗窑段 ②

步道分类　郊野远足

竹林 ③

步道路线
碗窑—东都岭—梅陇尖峰山—双宫岭—洋坑

梅陇尖峰山 ④

⑤ 双宫岭古驿道支线

白花灯笼

 洗手间　 起终点

第1段 碗窑—东都岭—梅陇尖峰山

听着溪流 开始迂回爬升

从宽敞的深汕大道驶入仅够一辆车通行的水泥村道，再转到一条山间小路，离碗窑入口越近，车窗外的景色便越"野"越自然。行至山脚，一条约三米宽的溪流挡住了去路，而这也是整条路线的起点所在。

步道起始，是东都岭古驿道碗窑段。沿古道上行，作为整条路线的"热身"路段，碗窑至梅陇尖峰山段不会一上来就让人感到压力，古道的石阶保存得较为完整，土路部分也修整出简易阶梯。这一段植被丰富，有林木遮阴，还有溪水一路伴行，既富野趣，也饶有古意，阳光穿过枝叶间隙投在石板路上，煞是好看。在距入口约700米处，有一道小瀑布，溪水湍湍而下，仿佛一条银色的丝带环绕山间。

深汕东都岭古驿道

东都岭古驿道碗窑段

第 2 段 梅陇尖峰山—双宫岭

穿越竹丛 一路上上下下

随山岭起伏的步道

登上梅陇尖峰山,近处是连绵不断的青山,远处是水天一色的海岸线。行至此处,还不会有太多的体力消耗,但可以休整一下,因为接下来一直到双宫岭的路段将全部在山脊线上行进,并且途中植被十分低矮,全程无树荫遮挡。

从此处开始,脚下的路变得不那么好走,一个接一个的山丘,持续攀升约500米,对体力、耐力有一定的考验。而且每一个山丘都比较陡峭,坡度较大,上下行都需要非常专注。

另外,此程大部分路段要经过成片的矮竹林,不少竹子会生长到道路中央,即使经人工修正,留下的竹桩仍会变成道路"绊脚石",要格外注意避让,以免绊倒或扎脚。

边走边看

梅陇镇红阳水库

红阳水库

从爬上东都岭，到登上梅陇尖峰山，再沿山脊线上上下下行至双宫岭，一路都能看到山脚下清澈的湖水，那是海丰县梅陇镇的红阳水库，在远处的海岸和近处的山峦之间留下一片明亮的蔚蓝。

第 3 段 双宫岭—洋坑古寨

步入山林　古道曲径通幽

到达双宫岭后，步道路线走势变为下行。半山到山谷植被渐渐丰富，树荫浓郁，溪流潺潺，颇有亚热带常绿阔叶林气象。这段步道的主体为双宫岭古驿道洋坑段，古道保留了原真风貌，顺着沟谷在林间逶迤伸展，青苔布阶，古藤盘缠，各种攀援植物覆盖上树冠，除了潺潺水声，周围空

山林步道

寂幽深。

在离终点两三千米的地方，有几处路面有泉水横路流过，需要小心踏石而过，但雨季易被雨水截断。另外，在地势低洼的沟谷，山泉丰沛，步道经过的湿地杂草生长迅速，稍微疏于修整便会遮盖路面，需小心前行。

如果体力尚好，时间充裕，此路段可以放缓脚步，掬一把清冽的溪水洗脸解乏，再踏着无数先人走过的古道向终点徐行。

溪流

特别提示

1. 此路段要充分做好防蚊、防虫、防蛇的准备；

2. 雨后溪水可能漫过路面，尽量避开大雨后通行；

3. 流经桉树林的泉水不能直饮，有致幻危险。

桉树林

○ 边走边看

双宫岭古驿道

双宫岭古驿道是连接海丰、惠阳的古道之一。可从梅陇米田仔越过双宫岭进入境内的洋坑、马头岭、赤石墟、明溪，直抵惠阳的乌交峒、龙船窝。这条旧时内陆百姓通往海港赶集的道路，而今早已没有匆匆赶路的身影，只有布满青苔的石头路面，穿过茂密山林、淙淙溪水，沿着山谷起伏伸展。

双宫岭古驿道

洋坑古寨正门

洋坑古寨

　　洋坑古寨位于深汕特别合作区赤石镇新城村东北,坐东南向西北,建有南、北二门,北门为正门。古寨墙体四面合围成坚固的长方形寨堡,在四角的边缘各建有一个方形炮楼,对外设有多处炮口枪眼,并有小门通往寨内,作对外防卫之用。古寨以正门为起点,北南向为宽2米的中心街道,东西两侧各建造有对称的10座民房。据推断,洋坑古寨始建年代为宋元时期,历经千年风霜,虽屋墙斑驳,但古风犹存,被评为"广东省古村落"。此外,洋坑古寨还留存了宝贵的红色印记,被评为"红四师洋坑古寨战斗遗址"和"广东省红色革命遗址"。

洋坑古寨内

博物赏识

中华里白

清幽静谧的双宫岭古道边,常遇到成片的中华里白,大片的二回羽状复叶覆盖了溪畔的荒土。中华里白是里白科里白属多年生常绿蕨类,有群栖的生长习性,根茎横走,密被棕色鳞片,常见于湿润又荫蔽的林下、灌丛和向阳草坡,适宜在疏松肥沃、富含有机质的酸性土壤中生长,在园林中常被用作林荫下的地被植物。

中华里白

大头茶

从东都岭到双宫岭的山脊连接线上,唯一能遮挡出一片绿荫的植物是大头茶。在烈日当头的路上,它们成为行走者向往的一个个小目标。大头茶是山茶科大头茶属常绿灌木或小乔木,中国本土树种,生性皮实顽强,枝干坚韧,喜欢温暖向阳之地,耐热耐寒抗风吹,可作贫瘠山地的先锋树种。而每年深秋,大头茶会开出硕大洁白的花朵,玉瓣金蕊,气质洒脱高洁。

大头茶

红蜻蜓

在步道入口的溪流边,常常会遇见红蜻蜓,它们一会儿疾飞,一会儿悬停在草叶上。红蜻蜓是蜻蜓科赤蜻属的总称,主要分布于中低海拔地区。我们看到的红蜻蜓是成熟的雄性,翅膀透明;雌虫则为黄色。红蜻蜓主要出现在 4~12 月,常在水域附近的草丛间活动,是常见的蜻蜓之一。

红蜻蜓

步道故事

古道西风里的历史足音

马致远在颠沛途中写下《天净沙·秋思》，里面有一句"古道西风瘦马，夕阳西下，断肠人在天涯"，给我们留下一个可以遥想的古人行路画面。而留在古老大地上的沧桑古道，却远不止行路那么简单。

古驿道在广东有着两千多年的历史，因北隔五岭、南通海洋，水陆相连的古驿道历来是战事征伐、物流贸易、文化交融、人口迁徙的重要通道，千百年来积存了诸多宝贵的历史文化遗产。从追溯秦始皇统一南越、中原人开始南迁粤地的路径，到探寻海上丝绸之路向内陆延伸的贸易通道，再到挖掘、复活古驿道历史文化，为了"让陈列在广阔大地上的遗产活起来"，2016 年起，广东率先在全国开展南粤古驿道保护利用工作，并通过串联沿线的古驿道旧址、历史文化村镇、文物古迹以及自然风光，挖掘和活化了一批文化遗存，助力沿线村镇开展全域旅游与乡村振兴。

东都岭郊野径环溪线包含了两段南粤古驿道，即东都岭古道碗窑段和双宫岭古道洋坑段。据《赤石镇志》记载，1949 年以前，经过赤石镇有两条"惠海"行商通道，一条是"双宫岭古道"，从梅陇米田仔越过双宫岭入境，再到达惠阳；另一条是"东都岭古道"，从梅陇孔子门越过东都岭入境，然后通往惠东的圆潭、多祝。这两条山路是旧时内陆百姓通往海港赶集的主要道路，每逢赶集日商路繁忙，每日往来挑夫多达千人以上。

进入近代后，古驿道常作为军事要道被使用。1925 年，为了击败粤系军阀陈炯明，蒋介石和周恩来指挥的黄埔军从赤石双宫岭古道出发，一路占领海陆丰、潮州、梅县等地，获得第一次东征胜利。土地革命战争时期，国民党军队和蔡腾辉保安团在海陆丰地区对红四师进行围剿。叶镛、徐向前率领红四师数次从双宫岭古道经过，与反动派展开了艰苦卓绝的游击战，在此地留下了革命的火种。

20 世纪 90 年代后，赤石镇推进道路建设，大部分历史道路被水泥路替代，只有山上存留部分古道。现保存较为完整的双宫岭古道和东都岭古道共分为 4 段，总计 14.7 千米，分别是位于新城村的双宫岭古道洋坑段、明溪村的双宫岭古道北段、大安村的东都岭古道北段、碗窑村的东都岭古道碗窑段。

深圳在编制《深圳市国土空间总体规划（2020—2035 年）》时提出，到 2035 年将建设体现多元文化主题的"南粤古驿道"文化路线 342 千米，形成文化体验丰富的历史游径。而深汕合作区的古驿道，是联系潮汕与广府的重要路径，承载了本土文化发展、交通变迁、贸易往来等多方面的历史，这些古驿道的保护与"复活"，将为深汕合作区的"田园都市""都市乡村"建设增添更为鲜活的动力。

附录

户外徒步随身锦囊

行前装备

不要低估户外运动的风险,一次万全的准备会让你的户外之旅更加安全无虞、舒适愉快。

衣物 户外活动宜穿长袖长裤,可避免灌木扎腿、蚊虫叮咬。夏季可选择速干衣裤,春秋季可在外层加一件冲锋衣,防风防水,兼顾保暖功能。如果目的地地形复杂,为防止意外,可穿着颜色鲜亮的衣物。如果是自然研习径,则可穿着与环境色彩适应的衣物,避免惊扰野生动物。

鞋子 根据户外活动的环境,挑选适合的鞋子。在城市公园和绿道上,一双普通的运动鞋就够。在郊野远足径上行走时,最好穿着抓地力强的徒步鞋。

帽子 一顶防风防晒的帽子是郊野徒步必备,同时保护头部不被树枝剐蹭。

登山杖 走有一定攀升高度的郊野远足径,登山杖是必备辅助工具。这不仅可以减轻腿部的压力,遇到杂草丛生、掩盖路面的地方,还可用登山杖探路,排除潜在危险,包括泥泞沼泽和蛇虫鼠蚁。

护膝 户外徒步时,膝盖的负荷较大,一对护膝可以帮助固定髌骨,增加稳定性,延长户外运动的生命。

头灯　夜间徒步时,头灯比手机灯更方便,可以解放双手,且不必担心电量消耗过快。

饮水　根据徒步路线的长度和季节天气,准备相应的饮用水量,注意至少每个小时主动补充一次水分。如果预计徒步时间较长,最好加入一至两支电解质饮料。

食物　一些重量轻的高卡路里零食,可以快速补充能量,比如巧克力、坚果、能量棒、牛肉干等。如果在炎热的天气进行户外运动,可以携带八宝粥、果冻等便于吸食的食品。

毛巾　一条毛巾可以为脖子防晒,也可以随时拿下来擦汗。

防晒霜　在紫外线强烈的户外场所,擦好防晒霜可以有效防止晒伤。

驱蚊产品　深圳山野,蚊虫很多,驱蚊产品是户外活动必备的物品。

急救包　一个含有碘酒棉签、创可贴、藿香正气水、云南白药、胃药、止泻药的急救包能帮助徒步者应对身体的各种不良状况。

户外常见风险以及应对方法

在户外进行活动,往往野趣与风险并存。城市里的医院距离山林较远,所以个人出行更需要掌握风险处理的办法。

皮肤擦伤 在山林间被荆棘灌木剐蹭或碰到岩石,都容易产生外表皮擦伤。小伤口用创可贴可以轻松解决,较大的伤口先用清水冲洗,然后用碘酒棉签或酒精棉片消毒,最后绑一层透气纱布,或者用液体创可贴处理大面积的擦伤。

中暑 避免在天气酷热的时间段进行户外徒步。行前准备充足的水、藿香正气水和十滴水等祛暑药品、盐巴或榨菜等含盐的食品。发生中暑时,迅速将人转移至通风阴凉处,补充含盐液体,使用清凉油擦拭太阳穴。若症状加重,需及时送医。

迷路 行前仔细调查掌握路线信息,最好结伴上山,避免独自一人前行。在山野间徒步时,留意路旁蓝天救援队的标牌,上面记录了所在地的经纬度以及救援队的电话号码,不要"另辟蹊径",闯入野路。如果发生意外,徒步新手应原地或就近等待救援。

暴雨 山间土路经雨水冲刷后容易打滑,如果降雨概率较大,应取消行程;深圳春夏季山上天气瞬息万变,请留意天气预报并准备轻便雨衣。行走时遭遇雷雨,若无处可躲避,要立即下蹲,关闭手机,远离孤立的大树。

户外登山文明提示

行前准备

1. 做好登山规划,选择适合自己的行程,掌握步道路线、长度、累计爬升高度以及下撤路线等信息,判别沿途所遇地形和潜在风险。
2. 了解路线是否穿过当地的自然保护区、水源保护区,并遵守保护区相关法律。
3. 不盲目走荒郊野径,量力而行。

无痕山林

1. 选择可通行步道,尽量不践踏自然地被。
2. 保持步道的自然人文风貌,不要破坏原生生境,不要在古迹和石头上涂鸦。
3. 郊野远足径上不提倡设置垃圾桶。请自备垃圾袋,带走徒步时产生的垃圾。
4. 严禁携带火种入山。
5. 防止水源污染,不直接在河流中清洗餐具。

尊重野生动植物

1. 山野是野生动植物的家园,不要进行投喂、采摘、追逐、高声惊扰等行为。
2. 与野生动物保持 3 米以上的安全距离,避免让它们因感到不安而被迫离开。
3. 野猪等野生动物具有一定的攻击性,在它们活动频繁的区域,可快速通过。
4. 徒步中遇到野生动物正在活动,应尽量绕行,或是等待它们离开再重启行程。
5. 有些植物有毒,不可随意采摘,避免误食中毒。

尊重其他徒步者

1. 与其他徒步者互相礼让尊重,互相考虑对方的权益。
2. 如果遇到需要帮助的徒步者,请伸出援助之手。在未知的自然环境中,互相协作能抵御许多风险。
3. 在窄小的步道上,上山者和下山者"狭路相逢"时,下山者可避让至路边,让上山者先行通过。

参考文献

[1] 深圳特区报社. 邓小平与深圳特区：来自《深圳特区报》的报道 [M]. 北京：中国青年出版社, 1997.

[2] "美丽深圳"丛书编委会. 公园深圳 [M]. 深圳：大同出版传媒有限公司, 2023.

[3] 深圳市城市管理和综合执法局. 深圳公园的故事 [M]. 深圳：深圳报业集团出版社, 2022.

[4] 深圳市规划和自然资源局. 深圳市地名志 [M]. 深圳：海天出版社, 2020.

[5] 深圳市规划和自然资源局. 深圳市标准地名词典 [M]. 太原：山西人民出版社, 2020.

[6] 深圳市城市管理局, 深圳市林业局. 草木深圳：都市篇 [M]. 深圳：海天出版社, 2017.

[7] 深圳市城市管理局, 深圳市林业局. 草木深圳：郊野篇 [M]. 深圳：海天出版社, 2017.

[8] 深圳市福田区史志办公室. 福田溯源 [M]. 深圳：海天出版社, 2012.

[9] 李宁, 王敏. 华强北——深圳奇迹的创造者 [M]. 广州：羊城晚报出版社, 2021.

[10] 深圳市福田区委区政府. 解码深圳·华强北 [M]. 广州：广东科技出版社, 2014.

[11] 深圳巿梧桐山风景区管理处. 梧桐烟云 [M]. 深圳：深圳报业集团出版社, 2010.

[12] 贾少强. 发现盐田 [M]. 深圳：海天出版社, 2011.

[13] 深圳市地方志编纂委员会. 深圳市志·基础建设卷 [M]. 北京：方志出版社, 2014.

[14] 深圳市地方志编纂委员会. 深圳市志·第三产业卷 [M]. 北京：方志出版社, 2011.

[15] 深圳市南山区区志编纂委员会. 深圳市南山区志 [M]. 北京：方志出版社, 2012.

[16] 陈飞宇. 沙井蚝：前世今生 [M]. 深圳：深圳报业集团出版社, 2016.

[17] 郭培源, 程建. 千年传奇沙井蚝 [M]. 北京：海潮出版社, 2006.

[18] 李胜. 发现宝安 [M]. 北京：中国文联出版社, 2006.

[19] 深圳博物馆. 深圳民俗文化 [M]. 北京：文物出版社, 2009.

[20] 黄伟祥, 马松林. 宝安县志 [M]. 广州：广东人民出版社, 1997.

[21] 沙井街道办事处. 沙井漫游 [M]. 石家庄：河北美术出版社, 2021.

[22] 沙井街道办事处. 沙井非物质文化遗产图典 [M]. 石家庄：河北出版传媒集团, 2021.

[23] 温友平. 大芬村的崛起 [M]. 深圳：海天出版社, 2006.

[24] 何小培. 大芬油画村，中国文化产业的奇迹 [M]. 广州：花城出版社, 2006.

[25]《东江纵队志》编辑委员会. 东江纵队志 [M]. 北京：解放军出版社, 2003.

[26] 深圳市文学艺术界联合会. 深圳文艺 40 年 [M]. 深圳：海天出版社, 2020.

[27] 叶良方. 汕尾红色地图 [M]. 广州：广东人民出版社, 2021.

[28]《胜利大营救》编辑组. 胜利大营救 [M]. 北京：解放军出版社, 1999.

[29] 吴定海. 深圳学人访谈录（第二期）[M]. 北京：社会科学文献出版社, 2020.

[30] 张一兵. 南溟海运耸危楼：大鹏所城 [M]. 深圳：海天出版社, 2020.

[31] 深圳市大鹏新区综合办公室. 大鹏半岛地名故事 [M]. 广州：岭南美术出版社, 2021.

[32] 何洛曦. 深汕古驿道探勘手记之一：寻找民间古道，探究前人足迹 [EB/OL].(2022-04-15)[2023-08-28].http://www.infonht.cn/ViewMessage.aspx?MessageId=12610.

[33] 蒋永清.1984 年邓小平首次深圳特区行：贫穷不是社会主义 [J]. 时代主人, 2021(6):17-20.

[34] 王姗姗，张鸥. 高山榕树印初心 [EB/OL].(2020-10-13)[2023-08-21].https://baijiahao.baidu.com/s?id=1680432063441746097&wfr=spider&for=pc.

[35] 谢晨星. 飞鸟、红树林在深圳 [N]. 晶报, 2023-04-24(A05).

[36] 汪仕林，陈龙辉，刘克宁，等. 国际植物学大会纪念园在深圳开园 [N/OL]. 深圳晚报, 2020-09-16[2023-07-10].https://www.sznews.com/news/content/2020/09/16/content_23559615.htm.

[37] 黄青山，黎星，黄飘远. 华强北的"突围"之路 [N]. 深圳商报, 2016-09-13(A03).

[38] 徐峰. 华强北持续"生长"[N]. 南方日报, 2023-08-02(AII02).

[39] 冯燕."华强北八景"出炉，每个人心中都有一个华强北 [N]. 晶报, 2021-08-18(A14).

[40] 华强北博物馆. 创业的摇篮，创新的天堂——华强北发展历程展 [EB/OL].(2020-12-30)[2023-09-10].https://www.hqbmuseum.com/exhibitionDetails?id=51.

[41] 王奋强，周宏博. 光明区打造立体式特色化公园体系 串联自然、都市、人文相得益彰 [N]. 深圳特区报, 2021-09-03(A01).

[42] 李军涛，朱春艳. 看！这些都是咱光明的明星物种 [N]. 宝安日报, 2023-02-02(B03).

[43] 赵强. 全力打造"自然教育之城"[N]. 深圳特区报, 2023-07-12(A06).

[44] 林园.10 家"海书房"因海而兴 深圳盐田打造"15 分钟阅读圈"[N]. 羊城晚报, 2023-04-18(A07).

[45] 王京生. 全民阅读与城市文明典范建设 [N]. 中华读书报, 2022-07-06(08).

[46] 深圳市仙湖植物园. 大树之歌，百岁老人的仙湖情 [EB/OL].(2020-05-22)[2023-06-03].https://mp.weixin.qq.com/s/W2G7ucf1dtyoayQ38sMSXw.

[47] 美丽深圳. 淘金山绿道正式开通！集美貌与才华于一身，国庆打卡必备！[EB/OL].(2019-09-29)[2023-08-19]. https://mp.weixin.qq.com/s/VMZDubguYhkadRiGEkCDUA.

[48] 罗湖发布. 会聊天、唱歌、讲故事……的高颜值、高智慧绿道你见过吗？ [EB/OL].

(2019-06-17)[2023-08-19].https://mp.weixin.qq.com/s/BO1JtvXG8LmlX2KebpTwjg.

[49] 胡百卉."二线关"，一道年代记忆的分水岭｜特区风华①[EB/OL].(2020-07-15)[2023-08-20].https://static.nfapp.southcn.com/content/202007/15/c3768118.html.

[50] 深圳市城市管理和综合执法局.盐田海滨绿道[EB/OL].(2021-03-17)[2023-06-29].http://cgj.sz.gov.cn/xsmh/szlh/jpld/content/post_2052998.html.

[51] 田万红.西丽湖畔建游廊[N].深圳特区报,1983-12-07 (01).

[52] 田万红.西丽湖兴建西丽塔[N].深圳特区报,1984-04-26 (02).

[53] 弓玄.重到西丽湖[N].深圳特区报,1984-11-14 (04).

[54] 火山.西丽湖，我们心中的湖[N].深圳特区报,1988-04-07 (04).

[55] 钱飞鸣,张莹.西子般美丽的西丽湖，你老了吗？[N].深圳商报,2005-04-21 (A05).

[56] 吴吉.西丽湖国际科教城 原始创新策源地[N].深圳商报,2019-07-25 (A03).

[57] 颜家梁.西丽湖度假村关门歇业 片区规划将打造大学城科教集群[Z].读创文本库,2020-01-14.

[58] 刘虹辰,徐丽.首届西丽湖论坛今开幕[N].深圳商报,2021-12-27 (01).

[59] 蓝宗辉,詹嘉红,杜联穆.红树林及其在海洋生态中的作用[J].韩山师范学院学报,2002,23(2):63-67.

[60] 梁国昭.广东的湿地及其保护[J].热带地理,2004,24(3):265-269.

[61] 陈桂珠,王勇军,黄乔兰.深圳福田红树林鸟类自然保护区陆鸟生物多样性[J].生态科学,1995,14(2):105-108.

[62] 王勇军,徐华林,昝启杰.深圳福田鱼塘改造区鸟类监测及评价[J].生态科学,2004,23(2):147-153.

[63] 李晶川,李晓彤.候鸟提前回深啦！"先头部队"蒙古沙鸻现身深圳人才公园[N].深圳晚报,2021-08-25(A07).

[64] 崔璨.从"孔雀东南飞"到"全球英才聚鹏城"，深圳为什么行？[EB/OL].(2021-10-31)[2023-07-12].https://baijiahao.baidu.com/s?id=1715112629866365417&wfr=spider&for=pc.

[65] 吴洁.吴邑文：汇聚海内外人才 深圳引智与科技创新同频共振[N/OL].深圳晚报,2021-08-02[2023-07-12].http://wb.sznews.com/PC/layout/202108/02/node_A09.html#content_1071436.

[66] 余梓宏.那片海湾叫"深圳"[N].晶报,2022-08-30(A01).

[67] 陈林.南头古城：中华海洋文明的历史地标[N].晶报,2023-01-01(A01).

[68] 林清容.全长13公里！深圳首条山海通廊全线贯通，串联塘朗山—大沙河—深圳湾[N/OL].深圳特区报,2022-08-26[2023-08-19].https://www.dutenews.com/shen/p/7013117.html.

[69] 王志明. 南山区全力打造"绿美新城"提升群众高品质生活[N/OL]. 深圳特区报, 2023-10-17[2023-08-19].https://www.sznews.com/news/content/2023/10/17/content_30534122.htm.

[70] 郑志鹏. 大沙河划水, 浪漫的自由[N/OL]. 深圳晚报,2022-12-31[2023-08-19]. https://mp.weixin.qq.com/s/i4cBA2j0EHK2IUMrT67YXg.

[71] 王禹程. 炎炎夏日！一起去大沙河生态长廊感受深圳"塞纳河畔"的美丽风光[EB/OL].(2021-05-14)[2023-08-20].https://www.sznews.com/news/content/2021/05/14/content_24213543_0.htm.

[72] 深圳市污染防治攻坚战指挥部办公室.【治污攻坚典型案例】绿美大沙河：系统治理生态优，两手发力幸福达[EB/OL].(2023-10-08)[2023-08-20].http://cenews.com.cn/media-article.html?aid=19327&mediaID=1561.

[73] 吴素红, 李丹, 林永润. 宝安滨海廊桥对外开放 全长2公里，是全国首个地下、地面、地上三层立体复合城市绿廊[N]. 深圳商报,2022-01-29(A05).

[74] 吴素红, 李丹, 肖慧涓. 西部海岸活力带宝安示范段正式开园 亲海休闲带从摩天轮直通前海[N]. 深圳商报,2023-03-28(A02).

[75] 罗裕昭, 黄小婷. 金蚝赶集迎新春 沙井古墟寻年味[N/OL]. 宝安日报,2021-12-29[2023-06-13].http://ibaoan.sznews.com/content/2021/12/29/content_24845751.htm.

[76] 深圳市宝安区沙井街道办事处. 沙井街道概况[EB/OL].(2023-05-06)[2023-06-13]. http://www.baoan.gov.cn/sjjd/zwfw/sjgk/content/post_10575483.html.

[77] 罗裕昭, 黄小婷. 今天到沙井古庙看"非遗秀"[N/OL]. 宝安日报,2023-05-12[2023-06-13].http://ibaoan.sznews.com/content/2023/05/12/content_30223821.htm.

[78] 深圳市档案馆. 深圳故事丨东汉至明清，"跨越千年的墓葬"[EB/OL].(2023-03-01)[2023-07-06].http://www.szdag.gov.cn/dawh/tqssn/content/post_947567.html.

[79] 深圳档案. 深圳竟然有座古墓群 藏在了饲料厂内[EB/OL].(2021-03-12)[2023-07-06].https://mp.weixin.qq.com/s/OCYlmDkHgqdDvYG7HjoHgg.

[80] 易运文. 深圳发现大批古墓群和重要文物[EB/OL].(2000-03-28)[2023-07-06]. https://www.gmw.cn/01gmrb/2000-03/28/GB/03%5E18373%5E0%5EGMA3-205.htm.

[81] 深圳市水务局. 深圳基本水情[EB/OL].(2023-05-10)[2023-09-10].http://swj.sz.gov.cn/xxgk/zfxxgkml/szswgk/szjbsq/index.html.

[82] 深圳市水务局.2021年水务基础统计数据[EB/OL].(2023-04-11)[2023-09-10]. http://swj.sz.gov.cn/sjfb/swjcsj/content/post_10535800.html.

[83] 聂朦. 大运十年：一场深刻而精彩的龙岗蝶变[EB/OL].(2021-08-12)[2023-08-29]. http://www.lg.gov.cn/bmzz/lcjdb/csjs/csgx/content/post_9057566.html.

[84] 大义深情：古老客家村庄最后的咏叹[N]. 深圳晚报,2007-04-02(A04).

[85] 央视网. 推动儿童友好成为城市高质量发展标志 100个城市开展友好城市试点建设[EB/OL].(2021-10-15)[2023-08-02].https://news.cctv.com/2021/10/15/ARTIpvku2PKsmhe4IlqqNBLI211015.shtml.

[86] 林玟珊."从一米高度看城市"深圳这样推动儿童友好城市建设[EB/OL].(2023-06-01)[2023-08-02].http://www.sznews.com/news/content/mb/2023-06/01/content_30253018.htm.

[87] 文灿,古凤. 深圳生活垃圾资源化利用率达87.7% 日处理厨余垃圾6693吨[EB/OL].(2023-9-14)[2023-09-21].https://appatt.sznews.com/jzApp/files/szxw/News/202309/14/1475457.html.

[88] 李申,刘甘霖,钟子杰. 深圳"智慧城管"：服务升级迭代 管理更加科学[EB/OL].(2022-10-14)[2023-09-12].http://m.people.cn/n4/2022/1015/c1300-20310507.html.

[89] 陈琳君,黎阳,潘峰. 盐田召开港航船企发展座谈会 政企携手推进全球海洋中心城市核心区建设[EB/OL].(2022-11-10)[2023-08-19].https://mp.weixin.qq.com/s/KZuRvrVxE2yDWauYym7xzQ.

[90] 李晓旭. 深圳市天文台发布"西涌国际暗夜社区观星指南2.0"[EB/OL].(2023-08-30)[2023-09-15].https://baijiahao.baidu.com/s?id=1775635133932523753&wfr=spider&for=pc.

[91] 谢雨婷,林宏松,周维朕,等."西涌天文观测信号"发布！全国首个暗夜社区在大鹏新区正式授牌[EB/OL].(2023-04-11)[2023-09-15].https://www.sznews.com/news/content/2023-04/11/content_30167246.htm.

[92] 陈碧霞.【深圳人物】梅林：大鹏星空守望者[EB/OL].(2023-06-01)[2023-09-15].https://mp.weixin.qq.com/s/aJJdDwLYEyTW3X7ejsWADg.

[93] 高雅雅,徐钡儿. 不止灿烂星河！全国首个暗夜社区还有文旅经济[EB/OL].(2023-05-15)[2023-09-15].https://baijiahao.baidu.com/s?id=1765969257688402766&wfr=spider&for=pc.

[94] 大鹏新区文化广电旅游体育局综合科. 大鹏所城[EB/OL].(2023-07-25)[2023-08-05].http://www.dpxq.gov.cn/zjdp/xqmxp/dpfg/content/post_9628754.html.

[95] 深圳市档案馆. 深圳故事｜深圳为什么被称为"鹏城"？[EB/OL].(2022-12-11)[2023-08-05].http://www.szdag.gov.cn/dawh/tqssn/content/post_925635.html.

[96] 田志强."大鹏名片"（一）：悠悠岭南韵，铮铮海防魂——大鹏所城的前世今生[EB/OL].(2023-08-01)[2023-08-05].http://www.sznews.com/news/content/mb/2023-08/01/content_30375837.htm.

[97] 施冰冰. 全国首条！龙华区人才绿道示范段11月1日正式开通！[EB/OL].

(2019-10-30)[2023-08-29].http://www.sznews.com/news/content/2019-10/30/content_22585848_0.htm.

[98] 深圳市城市管理和综合执法局，坪山区城市管理和综合执法局. 山脉为线，串起叠翠人文！坪山区 82.2 公里远足径郊野径全线贯通 [EB/OL].(2022-12-15)[2023-07-23]. https://mp.weixin.qq.com/s/n2SHNQUWhD9GP3kayZAF2g.

[99] 李洁兰，吕宝凤. 深圳大鹏半岛国家地质公园海岸带地质特征及演化 [J]. 四川有色金属 ,2022(04):24-28.

[100] 梅村，唐跃林，张崧，等. 深圳大鹏半岛中生代火山岩地质地貌特征——以大鹏半岛国家地质公园为例 [J]. 热带地理 ,2010,30(4):341-347.

[101] 赵清建. 研究发现松鼠为油麻藤提供传粉和种子传播"双重服务"[EB/OL].(2021-11-29)[2023-06-15].https://m.gmw.cn/baijia/2021-11/29/35345860.html.

[102] 张妍. 首个以"坪山"命名物种诞生 体积比绿豆还小 吃饱了会"比心"[N]. 深圳商报 ,2022-12-08(A14).

[103] 深圳市城市管理和综合执法局. 大鹏新东绿道 [EB/OL].(2016-12-08)[2023-09-13]. http://cgj.sz.gov.cn/xsmh/szlh/jpld/content/post_2053199.html.

[104] 何泳，魏作影. 仅深圳有分布！兰科中心发现新物种"深圳双扇蕨"[N/L]. 深圳特区报 ,2022-01-10[2023-09-13].https://www.sznews.com/news/content/2022/01/10/content_24868390_0.htm.

编辑说明

1. 本书截稿时间为 2023 年 11 月,部分步道为 2023 年底完工,可能出现景点描述与实际见闻略有偏差的情况。

2. 如遇道路维护或工程建设,部分步道可能会出现短期中断,待工程结束即可继续通行。

3. 如遇台风、暴雨等极端天气,部分步道(尤其是郊野远足类步道)易出现路面损坏、通行条件改变等情况。请留意官方消息,待步道维护之后再行走。

4. 随着深圳步道网络建设的推进,会出现更多连接路线、交通接驳站及出入口,请留意官方消息。

5. 特色步道的设计,更注意串联具有代表性的景点和人文古迹,不以抵达某个目标点为宗旨,部分路段会屈曲环绕。

6. 深圳百条特色步道游玩指引将在"i 游深圳""深圳市文化广电旅游体育局"微信公众号连载,读者可关注微信公众号获取相关信息。

"i 游深圳"
微信公众号

"深圳市文化广电旅游体育局"
微信公众号

鸣谢（排名不分先后）

福田区城市管理和综合执法局	福田区文化广电旅游体育局
罗湖区城市管理和综合执法局	罗湖区文化广电旅游体育局
盐田区城市管理和综合执法局	盐田区文化广电旅游体育局
南山区城市管理和综合执法局	南山区文化广电旅游体育局
宝安区城市管理和综合执法局	宝安区文化广电旅游体育局
龙岗区城市管理和综合执法局	龙岗区文化广电旅游体育局
龙华区城市管理和综合执法局	龙华区文化广电旅游体育局
坪山区城市管理和综合执法局	坪山区文化广电旅游体育局
光明区城市管理和综合执法局	光明区文化广电旅游体育局
大鹏新区城市管理和综合执法局	大鹏新区文化广电旅游体育局
深汕特别合作区城市管理和综合执法局	深汕特别合作区公共事业局
深圳市规划国土发展研究中心	深圳市生态环境局光明管理局
深圳市城市规划设计研究院	深圳市天文台
深圳市仙湖植物园	马峦山郊野公园管理中心
深圳市梧桐山风景区管理处	香港中文大学（深圳）
广东内伶仃福田国家级自然保护区管理局	深圳北理莫斯科大学
深圳市野生动植物保护管理处	大芬油画村文化发展中心
深圳大鹏半岛国家地质公园	深圳市登山户外运动协会

图片提供

严文婷　吴　斌　邓华山　禹浩轩　周志成　王　晖　钟子杰　刘　蕾　曾跃鹏
李德铼　林志健　李立治　蔡维泽　杨少昆　张焱焱　欧阳勇　江　离　陆千乐
邓　飞　郑志鹏　阎晚生　邹和林　林　凯　李明峰　五　十　刘玉松